현대신서
176

프랑스 지성인들의 '12월'

질리앵 뒤발
크리스토프 고베르
프레데릭 르바롱
도미니크 마르셰티
파비엔 파비스

김영모 옮김

東文選

프랑스 지성인들의 ‘12월’

프랑스 지성인들의 ‘12월’

Julien Duval
Christophe Gaubert
Frédéric Lebaron
Dominique Marchetti
Fabienne Pavis

Le 《décembre》 des intellectuels français

차 례

머리말 7

1. 지성인들, 게임을 조직하다 13

2. 지성인들, 탄원안을 기획하다 31

3. 지성인들의 이름을 세다 55

4. 헤아릴 수 있는 이름들 77

5. 기자들, 보이지 않는 서명자 95

6. 감춰진 결정론과 공표된 자유 119

7. 12월 이후의 투쟁 133

8. 마지막 장 143

약어 목록 149

색인 153

역자 후기 157

머리말

어째서 우리는 오늘날 1995년 12월의 사회 운동사, 특히 당시 프랑스 지성인들의 행동 조건과 양식에 대한 분석에 다시 몰두해야 하는가? 프랑스의 매스컴은 당시에 일어난 문제를 관대하게 취급했다. 프랑스 좌파들은 알랭 쥐페[1] 내각에 대한 불신을 이용하여 선거에서 승리했지만, 1968년 5월 학생 운동 이후 프랑스에서 가장 많은 사람들이 참가했던 당시의 파업 참가자와 데모 군중에게 진 은혜를 서둘러 배반하고 말았다.

여러 가지 주제가 이 12월의 '사건'에 대하여 주어져야 할 의미와 대립하고 있다. 혹자는 11-12월의 이 운동이 '정당하지만,' 이와 동시에 '현대적인' 개혁을 거부하면서 자신들의 '불합리함'을 보여 준 민중의 마지막 동요였다고 말할 것이다. 이들은 많은 지성인들이 파업 참가자와 데모 군중을 프랑스의 보수주의자, 즉 민족주의자와 민중주의자를 비교하게 만

---

1) 프랑스 여당인 '공화국연합(RPR)'의 국회의원과 보르도(Bordeaux) 시장을 역임했으며, 프랑스 수상(1995-1997)으로 재직한 인물.〔역주〕

들고, 아울러 고대 취미를 근대성과 대립시키고, 더욱이 사르트르를 아롱과 대립시키면서 자신들의 오래된 수호신에게 양보하고, 다시 한번 말하지만 '무책임하고' '좌파적이며' '전체주의자'라는 사실을 스스로 보여 주기 위하여 정세를 이용했다고 비난한다. 또 혹자는 12월의 사회 운동이 1970년 이후 서양 사회 전체에 영향을 미쳐 온 '신(新)자유 혁명'에 대항한 모범적인 운동이었다고 말한다. 이들에게 있어 사회보장 제도 개혁안은 무엇보다도 봉급생활자들에 의해 지지를 받았던 조정안이었다. 또한 이 개혁안의 목적은 '사회 정의'를 증대시키는 것이 아니라, 자본 시장에 대한 프랑스 정부 당국을 신뢰하도록 하는 것이었다. 이 개혁안은 마치 '프랑스국철(SNCF)'과 국가 사이에 체결한 계약처럼 해방 이후(Libération) 국가가 책임을 보증해 왔던 노동자의 안전을 시장의 메커니즘으로 인하여 포기해 버린 운동으로 기록된다. 이와 같은 복원의 맥락에서 프랑스의 지성인들은, 이들의 표현을 빌리자면 프랑스나 국제 사회의 고위 관리들과 협력 속에서 권력 집중을 추구하는 공권력과 투쟁하지 않으면 안 되었다. 왜냐하면 그동안 공권력은 아무런 고려 없이 정치적 결단을 멈추도록 하기 위하여 자본 시장의 보이지 않는 투자자와 '경제학'——오늘날 통치에서 이성적 수단으로 가장 좋음——을 선동해 왔기 때문이다.

1995년 12월은 구체적인 몇몇 열성 팬, 특히 생-시몽재단(Fondation Saint-Simon),[2] 《르 데바》[3]지, 《에스프리》[4]지, 《르 누벨 옵세르바퇴르》[5]지’와 같은 조직망에 가입하고, 또한 조직의 관계를 통하여 자신들의 자리를 보장하고 힘을 실어 줄 능력을 갖춘 대학재단이나 ‘프랑스민주노동연맹(CFDT)’과 같은 노조에 가입한 일부 지성인들이 그동안 이용해 왔던 힘의 진면목을 보여 준 달이었다. 정치 지도자들에게 종종 정숙할 것을 요구할 정도로 ‘책임감 있는’ 이 새로운 양식의 ‘진보주의자들’은 전후의 사회적 승리가 만들어 낸 금기 사항과 과거 지성인들의 투쟁이 부과해 온 가치들을 타파하라고 요구했다.[6]

이에 반하여 가장 자립적인 비평적 지성인들은 자신들을 평가 절하하기 위하여, ‘자유로운’ 적대자들이 자신들을 신(新)스탈린주의의 위협적인 의도와 힘이라고 간주했음에도 불구하고 빈털터리로 아무런 조직에도 가입하지 않은 상태였다.

---

2) 1985년에 창설된 ‘현대 세계에 대한 분석의 전개’를 목적으로 만들어진 재단으로 1백여 명의 회원이 가입되어 있으며, 현재 프랑스 지성인들의 회합 장소로 이용되고 있다. 푸로(Fourroux)와 퓌레(Furet)가 공동 대표이며, 피에르 로장발롱(Pierre Rosanvalon)이 사무총장으로 일하고 있다. 〔역주〕

3) 1980년 역사가 피에르 노라(Pierre Nora)에 의해 ‘역사 · 정치 · 사회’의 제 문제에 대한 진단을 목적으로 창간된 대표적인 지성 철학 잡지. 〔역주〕

4) 1932년 철학자 엠마누엘 무니에(Emmanuel Mounier)에 의해 ‘무질서와의 단절’을 모토로 창간된 잡지로, 현안으로 떠오르는 프랑스의 사회 문제를 적극적으로 제기해 온 프랑스의 대표적인 지성 잡지. 〔역주〕

5) 프랑스의 대표적인 주간지 중의 하나로 경제 · 정치 · 문화에 관련된 특집 기사로 유명하다. 〔역주〕

6) 특히 샤를(C. Charle)의 《지성인의 탄생 *Naissance des Intellectuels*》(미뉘, 1990)을 참조.

이들에게 12월의 정세는 단체 행동과 국제적인 참여를 통해 경제·정치·매스미디어의 힘을 쥐어진 '보수 혁명'에 대항하는 힘으로 인정된 진보주의 지성인들의 형상으로 다시 동원되는 기회였다. 자신들의 고유한 영역에서 자신들의 개입의 정당성을 축적한 이들은 예술가, 학자, 사상가로 참여하면서 경제적·관료적 힘에만 의존하는 세상에 대한 전망을 거부함과 동시에 소위 말하는 '경제 법칙'의 폭발로 인해 야기된 국민적·교조주의적 반작용을 또한 거부한다. 무엇보다도 이 지성인들의 행동에 진정한 의미를 부여함과 동시에, 지성인들의 적대자들뿐만 아니라 때론 잘 알지도 못하면서 때론 의식적으로(1996년 4월 12일자 '새로운 동지'란 제목의 《르 몽드》지 기사 참조) 자신들의 계산에 맞게 지성의 장에서 보수주의적인 입장과 대변인의 비전을 추구하는 기자들이 제시한 축소된 비전에 대한 이들의 공적을 인정해야 한다. 아울러 우리가 여기에서 이것을 시도하려는 바와 같이, 12월 운동의 탄생 자체 속에서 분열되고 제도적 커뮤니케이션의 도구를 갖지 못했던 개인 전체의 동원 과정을 비롯하여, 세상에 알려졌거나 알려지지 않은 사람들의 이름으로 된 겉보기에 불확실하며 일화적인 명단으로 대변되는, 일시적이면서 동시에 중요한 각 지성인 그룹의 구조를 기술하고 분석하려고 노력해야 한다.

프랑스 지성사에서 이 결정적인 순간을 다시 출현하도록 하는 기억력 회복 수술은 우리들에게 선택받은 순간에 대한 자기 도취적 환기를 다시 언급하려는 것이 결코 아니다. 이것은 한 시기 이상으로 프랑스 지성계의 보이지는 않으나, 여전히 그 효력을 간직해 온 지성계의 내부 구조를 알려 주는 것이다. 즉 오래전부터 존재해 왔거나 활동중이던 제도, 조직망, 개인 전체가 대낮에 출현한 것이다. 20년간의 정치적·이론적 투쟁과 사기업이나 공기업, 가까움과 먼 것이 명확해졌다. 우리가 이 책에서 '프랑스 지성인들의 12월'의 분석에 충실하고자 하는 이유는, 지성인들에게 이들 세계의 법칙에 대한 가장 훌륭한 지식을 통하여 이들의 행동과 행동의 진정한 결의 및 효용성의 한계에 대하여 좀더 정확하고 실질적인 이해를 제공하려는 것이다. 따라서 이것은 지성인들이 좀더 명석하고 자유롭고 확고하게 자신들의 비평적 경계를 게을리 하지 말라는 용기라고 볼 수 있다.

1
지성인들, 게임을 조직하다

예전에 지성인들 중의 일부가 개입했었던 두 사건(걸프전이나 유고 사태)과 비교해 볼 때, 11-12월의 파업의 강도는 프랑스 지성인들에게 걸프전이나 유고 사태 때보다 더 강하면서도 많은 일반 대중을 동원하였다. 이 두 사건 당시의 정치·사회 상황은 개인의 사사로운 대화의 주제이거나 연구소 내부의 토론에 불과했을 뿐이었다. 하지만 1995년 12월은 그런 경우가 아니었으며, 우리들은 12월에 그동안 정치 상황에 별로 민감한 반응을 보이지 않았던 대학교수들이나 연구원들이 공개적으로 자신들의 의견을 표명하는 것을 보았다. 또한 12월 대중 동원의 또 다른 중요성의 지표는 12월 하순에 이 동원에 대하여 '오랜 시간의 침묵' 끝에 마침내 '지성인들의 귀환'이란 지면을 할애하고 있는 많은 언론 매체의 기사에서 찾아볼 수 있다. '사회적 정점'일이었던 12월 20일이 지난 며칠 후, 지성인들은 프랑스 지성인 중의 한 사람인 알랭 투렌[7]이 프랑스 제1민영방송(TF1)의 '세트 쉬르 세트(Sept sur Sept)'[8]란 프로에서, 그 당시 총파업에 대한 자신의 첫번째 견해를 피력한 바 있는 프랑스 수상과 파업에 대한 관점 대결을 벌일 수 있도록 정치 무대에 모습을 드러내기에 이르렀다.

이러한 동원은 특별한 조건을 전제로 하며, 제기된 문제는 지성인들 측의 공략만을 불러일으킨다. 왜냐하면 이들은 비록 이 문제가 엄격한 의미에서 직접 자신들의 '권한'에 속하지 않을지라도, 마치 이미 정의가 내려진 '서류'에 '전문가'를 참여하도록 유도하는 기술적이고 매스미디어적 개념이 되기를 원하기라도 한 것처럼 이 문제를 '중요하고,' 나아가 '결정적'인 것으로 간주하기 때문이다. 바로 여기에 냉소적이며 매스미디어적인 비전이 있게 된다. 이 비전은 서로 화해할 수 없는 파벌로 나누어진 세계로부터 발산하는 다소간 자의적인 개입만을 인지할 뿐이다. 이와는 반대로 대학교수들이나 예술가, 연구원들, 특히 당시의 사회적 논쟁에 참여하고 있었던 사회학자와 경제학자들을 현재 진행중인 논쟁을 비롯하여, 정부의 정책이나 사회·경제적 상황에 관하여 자신들의 입장을 제시

---

7) 에콜 노르말(파리고등사범학교) 출신으로 대학교수 자격시험에 합격했으며(아그레제), 프랑스사회과학원 교수로 프랑스를 대표하는 지성이자 사회학자.〔역주〕

8) 매주 일요일 오후 8시 인기 여자 앵커 안 생클레르(Anne Sinclair)에 의해 진행되는 프랑스 제1 민영방송(TF1)의 대표적인 시사토론 프로그램으로, 프랑스 지성계를 대표하는 한 사람을 초대하여 앵커의 질의에 응답하는 형식으로 프랑스 사회 전반을 진단하는 격조 높은 프로그램으로 정평이 나 있다.〔역주〕

하기 위하여 자신들만의 영역에서 나올 수 있도록 인도한 특수
한 논리를 지각해야 한다. 당시는 위기의 순간이었다. 그 당시
는 아주 구체적인 방식으로 이전의 태도에 대한 자신들의 입
장을 비롯하여 사회복지에 대한 자신들의 결정·분석·가정
이나 의견이 개진되거나 굳건하게 만들어 준 위기의 순간이었
다. 가장 적극적으로 참여했던 대화자들은 단체 행동이나 논
쟁에 대한 자신의 참여를 일종의 내재적 필요성의 결과라고 기
술하였다. 이들을 신뢰해야 하며, 무엇보다도 무엇이 사회·정
치적 상황에서 이러한 필요성을 조장할 수 있었는지를 자문해
야 한다.

　1995년 11, 12월의 '위기'에 대하여 말하기보다는 여러 가
지 위기에 대하여 말하는 편이 더 낫다. 이 여러 가지 위기는
지성인 세계에서 이들에게 처음에는 외부적 요소였던 여러 가
지 혼란과 청원에 대한 재해석이며, 이 기간 동안에 서로 겹치
고, 또 부분적으로 동시에 일어난 위기였다. 말하자면 익숙하
지 않은 위기가 심화되고 극화되었던 첫번째 원인은 틀림없이
이러한 여러 가지 위기의 결합에서 기인한다. 1995년 12월부
터 여러 가지 혼란의 요인들이 지성계에 큰 충격을 줬다. 첫
번째 위기의 요인은 대학 생활에 직접적으로 관련된 대학 문
제에서 발생했으며, 대학생들이 직접 학내 문제에 대한 항의를
전개해 나가기 시작했다. 몇몇 대학에서 11월초부터 시작된
이 대학생들의 항의는 11월 이후 보름 동안 점차적으로 강화되
었고, 일부 대학교수들이 이에 동참했으며, 특히 자유 계약자,

예컨대 에브리(Evry)대학에서처럼 자유 계약자들에게까지 확산되었다. 초만원이 된 계단식 강의실과 대학 조직의 제 문제에 직면한 대학생들은 교수 충원과 행정 요원의 확충을 요구했다. 젊은 대학강사들은 자신들이 대학 강단에서 겪고 있는 불안정한 신분 상태를 고발하기에 이르렀다. 이러한 운동은 파리 8대학(생-드니)[9]에서처럼 정기적으로 회의가 개최되고 있는 대학에서 노조원의 활동을 재개하는 데 공헌했다. 몇몇 교육 전문가(특히 고등 교육-대학)들은 11월 보름부터 자발적으로 공공 토론에 참여했다. 따라서 '고등 교육 및 연구심의위원회(ARESER)'는 대학생들의 요구를 지지하기 위한 11월 23일의 모임 참여 호소문을 《앵포마탱》에 공표하기에 이르렀다. 《리베라시옹》지는 '대학생들의 위기감'이란 주제로 전문가들의 고견을 실었다. 《르 누벨 옵세르바퇴르》지는 11월 30일자에서 대학생들의 운동에 대한 기획 기사를 실었다. 이 기사는 반대 여론의 확산에 중요한 역할을 했다.[10]

두번째 위기는 대중교통 수단, 특히 철도의 봉쇄로부터 발생했다. 철도의 봉쇄는 국가와 프랑스국철 사이에 체결한 미

---

9) 파리7, 10대학(낭테르)과 더불어 진보적인 성향의 학자들이 많은 대학.〔역주〕

10) 이 기획 기사의 필자 중에서 프랑수아 뒤베(François Dubet)와 디디에 라페이로니(Didier Lapeyronnie)(사회학 교수이면서, 투렌(Touraine)이 만들었고 미셸 비에비오르카(Michel Wiervioka)가 이끄는 사회학적 개입 분석을 목적으로 하는 연구소인 '카디스(CADIS)' 회원임)는 이후 헤어졌다. 뒤베는 대학생 운동을 지지하였고, 라페이로니는 부정적인 견해를 보였다.

래의 사업 계획안 내용과, 더욱이 퇴직제도 개혁안의 공표에 따라 '프랑스국철' 노조의 주도하에 일어났다. 이 운동은 대중교통 수단 '이용객'들이 텔레비전 토론에 참여하도록 하는 촉매제의 역할을 했다. 이 운동은 곧바로 교통 대란을 초래했으며, 일상 생활 환경에 직접적인 영향을 미쳤다. 지성인의 삶 자체도 강연의 취소나 이동의 어려움으로 인하여 큰 타격을 입었다. 이러한 물질적인 상황은 일부 연구자와 대학생들 사이에 익숙하지 않았던 접촉 기회를 만들어 줬다.

더욱 결정적이었던 세번째 위기는 1995년 11월 15일 공표된 '쥐페 법안'으로 인해 발생했으며, 이 법안의 정치적·매스미디어적 해석은 투쟁의 대상이 되었다. 따라서 수상은 국회에서 사회보장법 개혁안에 대한 상세한 설명을 해야만 했다(새로운 세금의 신설, 국회 역할의 강화, 건강보험 지출 제한 등등……). 다수당 국회위원들은 쥐페 법안에 전폭적인 지지를 보냈으며, 정부안에 찬성표를 던졌다. 정부의 공식적인 매스미디어에 대한 전략은 초기에는 완벽하게 기능하였다. 대부분의 정치 논평은 정부 공표안 효과의 성공을 조건지을 수 있는 많은 주제를 자의적으로 전개해 나갔다. 즉 쥐페 법안으로 인한 놀라움, 그 '폭' '일관성' '엄격함'(이전의 온건주의에 비하여)은 외견상으로 아주 잘 구상된 결과물이었다. 이 법안의 기획자는 전략적인 목표(그는 비밀을 지키는 법을 알고 있었다)와, 대담하고 단호하며 용기 있고 엄격한 목표라는 개인의 특성을 이 법안 발의권에 그대로 기록하고 있었다. 이러한 주제는 다양한 반향을 거치며 매스컴 해설가들의 주요 쟁점을 다양한 목소리로 언론과 텔레비전에 연결시켜 줬다.

프랑스민주노동연맹 사무총장인 니콜 노타조차도 쥐페 법안을 강력하게 지지함으로써 '좌파'의 지지에 공개적으로 적법성을 부여했다(이 적법성은 '의료-보험' 측면을 강조한다). 몇 가지 의료계의 '아성'에 대한 공격을 가하면서, 쥐페 수상은 의료 혜택을 받지 못하는 소외된 사람들에게 의료 혜택을 줄 수 있는 '포괄적인 지불 한도액'의 주제처럼, 진보주의로 판단할 수 있는 법안의 요소를 주창하는 일부 노조계와 동맹을 맺은 것처럼 보였다. 언론에서 자극받은 초기의 경제 정세 분석가들은 이 법안을 기초하고 있는 거시경제 초안을 수정하였다. 즉 유럽연합 조약의 '일치 기준'을 따르려는 의지의 표시로 볼 수 있는 '사회복지의 적자'의 과감한 축소는 외환 시장에서 프랑화의 입지를 틀림없이 견고하게 해주며, 프랑스 은행으로 하여금 경제 활동 활성화의 보증 수표라고 할 수 있는 통화 긴축을 가속화시켜 줄 것이다. 이것이 바로 정부와 통화 당국 사이의 '주고받기식' 전략이었다. 신용 증가로 허용된 이율 변동은 후반기에 초기 경제의 후퇴 효과를 보상받는 것으로 간주된 것이다.

하지만 이 '고결한 서클'은 첫번째 여론 조사가 있었던 주말과 교통 부분에서 노조의 대대적인 소집이 시작되면서부터 멈춰 서게 되었다. 계획안에 대한 시민들의 환대는 매스컴이 생각한 것보다 훨씬 덜 호의적이었다. 이와 같은 '커뮤니케이션의 실패'에 대한 정부 책임자와 민주노총 책임자에 의해 전개된 주요한 논쟁은, 이미 선거에서 사용된 '소외'라는 주제에 대한 호소였다. 말하자면 '노동총연맹(CGT)'과 '노동자의 힘(FO)'과 같은 대인 '법규'를 보호하는 노조가 구현하고 있는 이 계획안은 '소외된 사람'들의 편에 있었고, 이것은 일부 '특권 계급'의 저항을 불러일으켰다. '소외된 사람들'의 구현은 다시 한번 정치적 승부수에 속하는 문제였다. 따라서 이 법안에 반대하는 세력들조차도 '실업자와 소외된 사람들'의 가장 급진 세력인 '실업퇴치국민행동(AC!)' '거주권리(DAL)' 등과 같은 연합과의 관계를 내세우며 반동하기에 이르렀다. 좀더 광범위하게 소외된 사람들과의 연대라는 이름으로 봉급생활자의 '희생'을 호소하고 있는 '전체의 이익'에 관한 담론은 이 법안을 국가적 승부수로 승화시켰다. 말하자면 이 법안은 실제로 공동의 책임에 호소하고 있다.

구별되는 사회층과 대화할 수 있는 자신들의 위치에 책임감을 느낀 수많은 지성인들을 행동에 참여하도록 부추길 수 있었던 특별한 힘을 이해하기 위해서는 일반적인 상황보다는 이러한 일련의 동시다발적인 긴장을 참조해야 한다. 일부 지성인들의 발빠른 참여는 오래전부터 이들에게 내재해 있던 힘을 결집시키는 데 공헌했으며, 마침내 이 힘은 당시의 위기 상황에서 완전하게 표출되는 호기를 잡은 것이다. 이러한 정세가 지성의 장에 고유한 위기의 시발점이 되기 위하여, 현재의 상황이 일반적인 혼란의 결과, 즉 학생들의 요구, 이동 수단의 문제, 대규모 시위, '사회 공공의 이해'에 대하여 반복된 여론 매체의 기원 등을 평가하는 것만으로 충분한 것이 아니다. 지성 운동의 조직은 정치·노조·여론 및 지성 사회 사이에서의 중재자로서 행동하는 특별한 개인의 개입을 전제로 한다. 이 '특별한 개인'의 사회적 특징은 지성 운동에서 이러한 기능을 행사할 준비가 되어 있는 대리인들이다. 이와 같은 지성인들은 조직, 즉 당, 노조, 클럽, 지성적인 잡지 등은 자신들에게 모두 다 자극이 되는 사건으로 리듬을 타는 정치, 언론의 시사성(뉴스)의 시간과 더 가까운 시간 속에서 발전한다. 이들의 대중 연설은 최소한 정치적 상황뿐만 아니라 지성 및 과학 사회 내부의 논쟁에 연결되어 있다. 이들은 종종 일부 기자들과 직접 빠르게 행동에 참여할 수 있도록 해주는 매스컴, 사회·정치적인 세력과 밀접한 관계를 맺고 있다.

《에스프리》지와 '생-시몽재단'에서 근원하는 '사회보장기금 개혁(Pour une réforme de fond de la Sécurité sociale)'(cf. 자료 pp.23-24 삽입)에 대한 호소안을 기안한 조엘 로망은, 다음의 텍스트가 자크 들로르[11]의 선언에 힘입은 정치계의 움직임에 대한 개인적인 소견을 쓴 것이라고 말한다.

"나에 대해 말하자면, 사회보장법안에 대한 개혁이 있었을 당시 보건복지부 장관이었던 클로드 에뱅 내각의 일원이었으

---

11) 사회당 국회의원이자 유럽의회의원. [역주]

며, 당시의 개혁안에 대한 지지자 중의 한 사람이었던 친구와 친분이 있었다. 그후 그 친구는 죽었다. 이처럼 그의 행동에는 충실함이 있었다. (…) 그리고 많은 대화가 있었다. 그 당시에 올리비에 몽쟁은 로장발롱과 피투시가 공동으로 저술한 《불평등의 새로운 시대》란 서적을 출간한 소그룹에 자주 들락거렸다. 몽쟁은 나에게 이 사람들이 개혁에 대하여 말했고, 모두들 찬성했으며, 모두가 '니콜 힘내!'라고 말하고 싶어하는 듯했다고 말했다. (…) 그리고 나는 바로 그 호소안 텍스트를 편집했다. 호소안 편집의 결정적인 계기가 된 것은, 나로서는 실제 들로르의 입장 때문이었다. 왜냐하면 사람들은 들로르가 유사한 입장을 취하기를 기대하고 있었기 때문이며, 또한 사람들은 다음과 같이 생각하고 있었다. '다른 사람들이 그렇게 말하지 않기 때문에 우리는 그렇게 말해야 한다'…… 그래서 나는 계속하여 《리베라시옹》지의 논단에 이 개혁 호소문을 게재하기에 이르렀다."

조엘 로망은 《에스프리》지의 공동 편집국장이었다. 41세였던 1996년 로망은 철학교수 자격시험에 합격했으며(아그레제), 많은 작품을 공동 집필하기도 했다. 또한 그는 정치노조 당원이기도 했다. 그는 휴직을 했고, '교육노조'에서 '프랑스 민주노동연맹, 교육노조와 중앙사회연맹 사이에서 발전시켜야 할 관계'에 대한 연구를 한다. 로망의 부인은 사회보장기금(Assistance sociale)에서 일했다. 1970년대말까지 '통합사회당(PSU)'의 회원이었던 로망은 자신의 교육 활동 기간 동안

(1974-1987-88년) ‘프랑스민주노동연맹’의 당원이었으며, 그 스스로가 지적했듯이 “원칙적으로 ‘시민헌장(Charte de la citoyenneté)’ [12] 주변의 많은 장소, 클럽, 서클, 그룹에서” 투쟁해 왔고, 투쟁했다. 그런데 시민헌장은 많은 사람들이 ‘제2의 야당’이라 부르는 조직과 아주 흡사하거나, 유사한 여러 연합으로 구성되었으며, 로망은 이곳에서 정치가로 인식되었다. 《에스프리》지에서의 로망의 활동은 정치적-연합적 전투적인 태도의 연장선에 놓여 있었다. 말하자면 그의 활동은 지성의 장 그 자체의 한가운데에서 정치적인 입장을 표명하는 중개자의 역할이었다.

‘파업 지지에 대한 지성인들의 호소안(Appel des intellectuels en soutien aux grévistes)’ 발기인 중의 한 사람인 자크 케르고아는 ‘다양한 입장 표명’이라는 또 다른 특징을 소유한 사람이다. ‘국립과학연구소(CNRS)’의 연구원이며, ‘프랑스전력공사(EDF)’에서 파견 근무를 하기도 했던 케르고아는 교육자는 아니었지만 대학 구성원과의 긴밀한 관계를 맺고 있었다. 그의 부인 또한 여성 투사이면서 동시에 사회학자이다. ‘국립과학연구소’의 연구실장인 그의 부인은 ‘노동의 사회적·성적 분과연구그룹(GEDISST)’의 회원이기도 하다. 케르고아는 ‘인민전선’과 사회 운동에 대한 여러 권의 책을 쓰기도 했다. 《르 몽드》지

---

12) 여러 연합과 정치 클럽이 시민에게 실제적인 권력을 제공할 목적으로 만든 공공 서비스 중의 하나. 〔역주〕

의 사회당사 전문위원이었던 시절, 일간지에서 '프랑스의 시퀀스(la séquence France)'의 책임을 맡고 있었던 파트릭 자로와 1995년 프랑수아 미테랑 대통령의 통치 시절에 대한 책을 공동 집필하기도 했다. 1970년대초부터 '공산당혁명연맹(LCR)'의 당원으로(하지만 한 여기자가 말했듯이, 자로는 자신이 세상에 알려지기를 원하지 않았다) '진보적 교체를 위한 협약(CAP)'에서 세상 사람들의 주목을 받을 만한 운동을 주도하기도 했다.

개혁 호소안

POUR UNE REFORME DE FOND DE LA SECURITE SOCIALE

En prenant clairement parti en faveur d'un plan de réforme de la sécurité sociale, qui s'engage dans "la mise en place d'un régime universel d'assurance maladie financé par l'ensemble des revenus" comme l'a dit Nicole Notat, la CFDT a fait preuve de courage et d'indépendance d'esprit.

Chacun sait que la situation de la sécurité sociale ne pouvait plus s'accommoder de replâtrages qui se soldaient en définitive par une hausse des cotisations et une baisse des prestations. En s'engageant sur la voie d'une cotisation étendue à tous les revenus, pas seulement salariaux, le plan Juppé a pris acte de l'archaïsme d'un système qui pénalisait l'emploi et dont la philosophie était restrictive en termes d'accès aux soins. En proposant de développer la maîtrise médicalisée des dépenses de santé et d'aller vers un suivi individuel des patients, il engage une inflexion de la politique de santé vers une action davantage préventive. Enfin, en proposant de modifier la gestion des systèmes de santé par le vote du budget de la sécurité sociale par le Parlement, il peut ouvrir la voie à un véritable débat sur les options de la politique sanitaire et sociale et sur les rôles respectifs du parlement et des partenaires sociaux. Sur ces trois points, la réforme est une réforme de fond qui va dans le sens de la justice sociale.

Bien entendu, le plan gouvernemental comporte des aspects contestables : ceux-ci concernent la politique familiale, l'avenir des systèmes de retraites et en filigrane la politique fiscale qui peuvent susciter de légitimes inquiétudes sur leurs principes et leur mise en œuvre. Ils mériteraient une démarche d'analyse et de concertation de même nature que celle du Livre blanc sur les retraites. Notre engagement en faveur des mesures de fond prises concernant l'assurance maladie vaut engagement de vigilance accrue sur ces autres points. Mais, vu les atermoiements de la gauche politique sur ces questions, nous, intellectuels, militants associatifs, responsables ou experts, nous entendons nous aussi prendre nos responsabilités et nous engager à défendre des options qui visent à sauvegarder un système qui garantisse à la fois la solidarité et la justice sociale.

LISTE DES PREMIERS SIGNATAIRES

Gilles ACHACHE, Claude ALPHANDÉRY, Elie ARIÉ, Guy AZNAR, Jacqueline AZNAR, Jean BEAUVILLE, Pascale BECK, Daniel BEHAR, Alain BLANC, Pierre BOURETZ, Dominique BOURG, Rony BRAUMAN, Guy BROUTÉ, Pascal BRUCKNER, Bernard BRUNHES, André BRUSTON, Henri BUSSERY, Jean-Yves CALVEZ, Bertrand CASSAIGNE, Roland CAYROL, Gilbert CETTE, Louis CHAUVEL, Jacques CHÉRÈQUE, Daniel COHEN, Henry COLOMBANI, Jeannette COLOMBEL, Guy COQ, Daniel CROQUETTE, Simone DARET, Daniel DEFERT, André DELVAUX, André DEMICHEL, Francine DEMICHEL, Michel DESSAIGNE, Jean-Philippe DOMECQ, Jacques DONZELOT, Brigitte DORMONT, François DUBET, Nicolas DUFOURCQ, ECHANGES ET PROJETS, Alain EHRENBERG, Corinne EHRENBERG, Bernard EME, Philippe ESSIG, Hughes FELTESSE, Alain FINKIELKRAUT, Jean-Paul FITOUSSI, Jean-Baptiste DE FOUCAULD, Patrick GAGNAIRE, Marc GAGNIÈRE, Antoine GARAPON, Jean-Pierre GATTÉGNO, Xavier GAULLIER, François GÈZE, Jacques LE GOFF, Yvon GRAÏC, Benoît GRANGER, Alfred GROSSER, Jeanyves GUÉRIN, Jean-Paul GUISLAIN, Hervé HAMON, Pierre HASSNER, Jean-Paul JEAN, Isabelle JEGOUZO, Marie-Eve JOËL, Jacques JULLIARD, Sylvain KAHN, Pierre KAHN, Serge KARSENTY, Antoine KERHUEL, Jean DE KERVASDOUÉ, Jean-François LAÉ, Jean-Louis LAVILLE, Antoine LAZARUS, Marie-France LECUIR, Claude LEFORT, Jean LE GAC, Thierry LEHNEBACH, Antoine LEJAY, Jean-Claude LE MAIRE, Christian LE PAPE, Maximilienne LEVET, Jacques LÉVY, Yves LICHTENBERGER, Daniel LINDENBERG, Claude LLABRES, Michel LUCAS, Henri MADELIN, Philippe MADINIER, Marie MAES, Nicole MAESTRACCI, Michel MARIAN, Jean MARQUET, Frédéric MARTEL, Antoine MARTIN, Hélène MATHIEU, Maïté MATHIEU, Christian MELLON, Pierre-Michel MENGER, Christine MEYER-MEURET, Martine MICHELLAND-BIDEGAIN, Decys MILLET, Georges MINZIERE, Najet MIZOUNI, Thierry MONEL, Olivier MONGIN, Francis MONTES, Jacques MOREAU, Daniel MOTHÉ, Olivier NORA, Denis OLIVENNES, Erik ORSENNA, Maurice PAGAT, Serge PAUGAM, Luc PAREYDT, Marie-Claire PICARD, Bernard PERRET, Michelle PERROT, Guy PEYRONNET, Philippe PIBAROT, Jean-Pierre PILLON, Françoise PIOTET, Jean-Claude POMPOUGNAC, René PUCHEU, Hughes PUEL, Yves RAYNOUARD, Gilles-Laurent RAYSSAC, Gilles RENAUDIN, Paul RICOEUR, Jacques RIGAUDIAT, Robert ROCHEFORT, Joël ROMAN, Pierre ROSANVALLON, Guy ROUSTANG, Denis SALAS, Gérard SARAZIN, Michel SCHNEIDER, Isabelle SEGUIN, André SENIK, Alfred SIMON, Martin SPITZ, François-Xavier STASSE, Henri-Jacques STIKER, Serge TER OVANESSIAN, Irène THÉRY, Henri THÉRY, Marie-Olga THÉRY, Michel THÉRY, Paul THIBAUD, Véronique THIEBAUT, Alain THOMASSET, Guy TISSIER, Sylvie TOPALOFF, Armand TOUATI, Jean-Claude TOUBON, Alain TOURAINE, Henri VACQUIN, Louis-André VALLET, François VIDAL, Georges VIGARELLO, Jérôme VIGNON, Bertrand WALLON, Michel WIEVIORKA, Michel WINOCK, Jean-Pierre WORMS, André WORMSER, Gérard WORMSER.

Signature à adresser à Olivier Mongin ou Joël Roman
Esprit, 212, rue Saint Martin, 75003 Paris - Tél : 48.04.92.90 - Fax : 48.04.50.53

파업 호소안

Appel des intellectuels en soutien aux grévistes

Face à l'offensive déclenchée par le gouvernement, nous estimons qu'il est de notre responsabilité d'affirmer publiquement notre pleine solidarité avec celles et ceux qui, depuis plusieurs semaines, sont entrés en lutte ou s'apprêtent à le faire. Nous nous reconnaissons pleinement dans ce mouvement qui n'a rien d'une défense des intérêts particuliers et moins encore des privilèges mais qui est, en fait, une défense des acquis les plus universels de la République. En se battant pour leurs droits sociaux, les grévistes se battent pour l'égalité des droits de toutes et de tous : femmes et hommes, jeunes et vieux, chômeurs et salariés, travailleurs à statut, salariés du public et salariés du privé, immigrés et français. C'est le service public, garant d'une égalité et d'une solidarité aujourd'hui malmenées par la quête de la rentabilité à court terme, que les salariés défendent en posant le problème de la Sécurité sociale et des retraites. C'est l'école publique, ouverte à tous, à tous les niveaux et garante de solidarité et d'une réelle égalité des droits au savoir et à l'emploi que défendent les étudiants en réclamant des postes et des crédits. C'est l'égalité politique et sociale des femmes que défendent celles et ceux qui descendent dans la rue contre les atteintes aux droits des femmes. Tous posent la question de savoir dans quelle société nous voulons vivre. Tous posent également la question de l'Europe : doit-elle être l'Europe libérale que l'on nous impose ou l'Europe citoyenne, sociale et écologique que nous voulons. Le mouvement actuel n'est une crise que pour la politique gouvernementale. Pour la masse des citoyens, il ouvre la possibilité d'un départ vers plus de démocratie, plus d'égalité, plus de solidarité et vers une application effective du Préambule de la Constitution de 1946 repris par celle de 1958. Nous appelons tous nos concitoyens à s'associer à ce mouvement et à la réflexion radicale sur l'avenir de notre société qu'il engage ; nous les appelons à soutenir les grévistes matériellement et financièrement. 4/12/95

Au 9 décembre : A. Accardo, P. Alliès, J-C. Amara, C. Amey, I. Amin, S. Amin, J-L. Amselle, H. André-Bidot, T. Andréani, B. Appay, D. Ardisson, L. Arloff, L. Astre, C. Attias-Donfut, O. Aubert, L. Aubrac, R. Aubrac, Y. Augeat, P. Bachelet, P. Bacot, M. Bacot-Décriaud, M. Bacqué, E. Balibar, A. Barbara, D. Barbet, R. Barroux, M.-C. Baron, S. Baron, A.-M. Barrère, C. Barrère, C. Barreth-Lynn, J. Bart, M.-H. Barthe, F. Battagliola, P. Bauby, C. Baudelot, S. Beaud, N. Beaurin, P. Béroudouche, M. Belissa, G. Benaïch, S. Benani, Y. Benot, D. Bensaïd, D. Berger, M. Bérot-Inard, A. Bertho, A. Bertrand, M.-J. Bezard, M. Bihan, J. Biard, J. Bidet, A. Bidet-Mordrel, M. Bigoteau, A. Bihr, M. Bitard, P. Boccara, L. Bolstanski, Y. Bosc, J-C. Boual, S. Bouchet, P. Bouhnik, J. Bouquin, R. Bourderon, P. Bourdieu, S. Bourmeau, J. Boutet, J. Boutin, P. Bouvier, M. Bozon, P. Brétécher, T. Brisson, A. Brossat, D. Brousolle, P. Broué, F. Brun, F. Brunel, I. Bucchioni, C. Buchman, S. Buket, P. Burette, G. Burmod, M. Butel, D. Cabréra, M. Cacouault, M.A. Caloc, P. Cames, Y. Careil, J. Carricaburu, M. Cartier, G. Casanova, E. Cassin, D. Cardon, J-C. Castella, R. Castro, B. Chabaud, P. Champagne, F. Chagnot, C. Chantepy, G. Chaouat, V. Charbonnier, B. Charlot, E. Charron, F. Chateauraynaud, M. Chatellier, J-P. Chauveau, B. Chavaroche, A. Cheïban, Y. Chem, E. Chemla, J-C. Chevalier, G. Clancy, Y. Clot, P. Cohen-Séat, A. Collinot, A. Collovald, A.-M. Collou, S. Combe, D. Combes, J.C. Commessie, M. Commin, J-C. Compain, A. Comte, S. Condon, P. Corcuff, M.C. Cormier-Salem, A. Couba, L. Coudard, B. Coulmont, P. Cours-Salies, G. Courty, I. Coutant, M. Cressent, D. Damamme, M. Darmon, M. Darriet, A. Davisse, F. Davisse, S. Dayan, A. d'Autume, J.F. Debat, S. de Brunhoff, G. de La Pradelle, B. de l'Estrale, A. de Mengin, V.de Rudder, F. de Singly, D. Daeninckx, J.L. Deatte, A.-M. Debatisse, D. Debatisse, J. Debouzy, M. Debouzy, R. Debray, J. Debroux, C. Decaster, J. Defrance, N. Dehan, C. Dejours, N. Delandé, J.-C. Delaunay, J.-P. Deléage, M. Deleplace, F. Delasalle, P. Delasalle, E. Delmer, C. Delphy, J. Delteil, J. Deniot, N. Depraz, J. Derrida, M. Deschamps, R. Desné, A. Desrosière, A. Détraz, R. Di Ruzza, D. Diatkine, N. Dodier, J.-P. Dolle, R. Dorandeu, F. Dosse, B. Dréano, F. Dreyfus, M. Dreyfus, C. Dubar, S. Duchesne, F. Ducouson-Linhart, I. Dufresne, F. Duroux, B. Dussart, N. Dussuleau, M. Eddy, N. Edelman, M. Ely, A. Ernaux, B. Escoubet, Ch. Eyssalet, N. Eyssalet, J-B. Eyraud, R. Fabre, J-P. Fall, J-M. Faure, J. Favret-Saada, M. Ferrand, C. Ferté, G. Filoche, N. Finot, S. Fol, S. Fortino, F. Fortunet, A. Fouqué, D. Fougeyrollas-Schwebel, Ch. Fournier, B. François, N. Fratellini, Y. Fremion, M. Freyssenet, Ph. Fritsch, J.Y. Gacon, J. Gaillot, B. Gaïti, R. Galissot, M. Gollac, J-P. Garnier, F. Garnier, B. Garnot, F. Gaspard, C. Gautier, A. Gauthier, F. Gauthier, D. Gaxie, L. Gentis, J-C. Gillet, J. Girault, D. Godineau, Y. Golay, E. Goldsmith, C. Grignon, A. Grimaldi, B. Gainot, A-M. Garat, D. Guenoun, M. Guessaz, J. Guillaumou, H. Guillou, J. Habel, M-C. Habib, Y. Hantala, P. Hassenteufel, J. Heinen, S. Herr, M. Hersent, B. Hervieu, J-Ph. Heurtin, E. Hiard, F. Hincker, M. Husson, F. Imbert, S. Israël, C. Ingersborn, A. Jacquard, P. Jacquin, Ch. Jalaudin, F. Jésus, A. Jollet, T. Jonquet, I. Joseph, J-P. Jouary, M. Joubert, J. Jourdheu, A. Joxe, M. Juno, M. Kail, M. Kail, K.S. Karol, F. Keck, C. Kerber, D. Kergoat, J. Kergoat, K. Kergopoulos, S. Klingberg-Brossat, M. Koskas, G. Koubi, H. Krivine, F. Labore, E. Labrousse, B. Lacroix, P. Ladrière, C. Lafaye, F. Lafon, R. Lagache, J-B. Lagrave, B. Lahire, M. Langlois, P. Lantz, N. Lapierre, A. Laugier, M-C. Lavabre, A. Laville, G. Lazuech, O. Le Cour Grandmaison, D. Leborgne, D. Lebret, M-H. Lechien, Ch. Lederman, J.A. Leger, P. Lehingue, G. Leider, G. Lemarchand, C. Lemieux, R. Lenoir, M. Lequenne, D. Le Queau, D. Lesch, C. Lestrat, J.-L. Le Toqueux, C. Levy, J. -P. Levy, D. Linhart, R. Linhart, M. Löwy, I. Löwy, G. Lorano, J. Loukine, F. Loloum, F. Lordon, J. Lyon-Caen, S. Magri, S. Mc Evoy, D. Maillard, H. Maler, M. Marini, C. Marry, P. Marry, M. Marpsat, R. Martelli, J.-P. Martin, F. Matonti, O. Masclet, G. Massiah, G. Mauger, H. Maury, N. Mayer, F. Mazère, D. Memmi, B. Michaux, G. Michelat, J. Minces, J.-Y. Mouler, G. Molina, J.-P. Molinari, A. Monnier, F. Morvan, D. Motchane, P. Mouriaud, G. Moureau, J.C. Mouret, R. Mouraux, J.-L. Moynot, L. Mozère, N. Murard, A. Muxel, S. Nair, M. Najman, D. Nicolaïdis, A. Nizard, M. Odeye-Sinz, D. Ougard, X. Papas, M.-Ch. Pascal, F. Payen, G. Pédout, W. Pelletier, C. Pennetier, J.-M. Pernot, G. Perrault, G. Perrier, V. Péroussapore, C. Peyrard, R. Pfefferkorn, M. Paloux, J. Pierret, M. Pigenet, M. Pinçon, P. Pinell, J. Pinto, L. Pinto, F. Platone, F. Poirier, C. Poliak, L. Pournet, E. Prételle, M. Prum, B. Pudal, H. Puiseux, A. Querrien, L. Quétier, Y. Quiriou, P. Quinqueton, P. Rainer, M. Rébérioux, J.-C. Renoux, J.J. Repiret, J.-N. Retière, J. Rigaudiat, M. Riot-Sarcey, R. Robin, J.-Y. Rochex, C. Rogerat, P. Rolle, M.T. Roly, D. Rome, A. Roux, P. Rozenblatt, Ch. Ruby, Th. Ruf, A.G. Saimot, Y. Salesse, Ch. Salmon, C. Samary, R. Samson, C. Saidais, M. Sarrier, F. Samoc, R. Scarparto, L. Schwartzenberg, B. Seibel, M. Seum, D. Senotier, M.-J. Serrazin, L. Sève, R. Silberman, P. Silberstein, M. Simier, M. Sinéan, J. Singer, Y. Sintomer, F. Sitel, D. Sivadon, R. Skoutelski, B. Slama, I. Sommier, J. Soncin, C. Spiga, A. Spire, Y. Strullou, F. Subileau, A. Sullerot, M. Surduts, P.-A. Taguieff, M. Tallard, L. Tanguy, P. Tanchou, L. Tarrien-Ramé, S. Ramé, J.-P. Terrail, E. Terray, J. Texier, J.-P. Terrenoire, A. Thébaud-Mony, N.-E. Thévenin, L. Thévenot, M.-N. Thibault, D. Thin, H. Thoroval, J.P. Thullier, Ch. Topalov, A. Tosel, M. Tournier, X. Toutain, J. Trillaud, J. Trat, E. Traverso, R. Trempé, M. Vakalouis, M.F. Valetas, A. Valtier, E. Varikas, J. Varin, M. Verret, P. Vidal-Naquet, K. Vie, C. Villeneuve-Gokalp, J.-M. Vincent, M. Vlady, S. Volkoff, M. Vovelle, M. Vuaillat, S. Wahnich, E. Wallon, G. Wasserman, F. Weber, B. William-Sigg, F. Wolff, S. Woukov, J. -C. Zancarini, M. Zancarini-Fournel, B. Zarca, C. Zaza, M.-H. Zylberberg-Hocquard.

Adressez vos signatures et vos dons à Catherine LEVY : 4, rue Rambuteau, 75003 Paris, Fax : 42 49 50 49 - CCP 21305161 J

이 ‘진보적 교체를 위한 협약’ 은 ‘야당의 야당’ 의 조직과의 합병으로 서로 분리할 수 없는 지성인과 정치인의 동원 전략을 이뤄냈다(특히 최근에 정치 잡지 《폴리티크-라 르뷔》가 된 《폴리티스-라 르뷔》와 노조에 대한 연구연합인 ‘레시(RESSY)’를 통하여). 조엘 로망과 마찬가지로 케르고아는 처음에는 본인이 직접 정치적 조직이란 목적을 가진 다양한 지성인 세력을 동원할 수 있었다. 파업 지지에 대한 호소는 케르고아에게 몸담고 있는 조직 내부의 투쟁에서 자신의 입장을 확고하게 해주고, 자신이 구현하고자 하는 정치 ‘노선’ 을 시험할 수 있는 좋은 기회였다. 말하자면 모든 노조 세력과 ‘비판적’ 정치 세력, 즉 ‘통일노조연합(FSU)’ 에서부터 ‘노동총연맹’ ‘프랑스민주노동연맹’ 지부를 포함하여 ‘실업자와 소외그룹’ ‘여성운동’ ‘공산당혁명연맹’ ‘녹색연합(Les Verts)’ ‘비판적인 지성인들’ 등등을 규합하는 일이었다. (《폴리티그》지의 중요한 기능 중의 하나는 바로 이들 세력간의 모든 관계와 토론을 발전시키는 일이었다.)

아주 정기적으로 해설하는 직업으로 인하여 시사 문제에 직접 관련되어 있는 또 다른 ‘중개자 역할을 한 사람들,’ 즉 ‘정치-언론의 지성인들’ (이들 중 일부는 정기적으로 라디오나 TV에서 해설을 하기도 했다)은 12월의 정세에서 저널리스트, 좌·우 정치인들, 노조원들로부터 발현하는 청원의 대상이 되었다. ‘독립논자’ 라고 불리는 지원자들——이 중에는 프랑스민주노동연맹의 전·현직 지도자들, 상임고문(자크 쥘리아르·

로장발롱·알랭 투렌[13] 등)이 포함되어 있으며, 조합에서 봉급
을 받는 또 다른 사람들은 프랑스민주노동연맹의 지도자들과
공개적으로 자신을 표명하지 못했던 사회당 지도자들에게 하
나의 방책이었다. 조엘 로망은 다음과 같이 지적하였다: "우
리는 프랑스민주노동연맹이 이 일에서 완전히 떨어져 나가는
것을 원하지 않았으며, 많은 사람들이 우리들처럼 생각하고 있
었다."

　이들의 측면에서 볼 때, 공산당을 신봉하는 지성인들은(이들
은 어느 정도 프랑스공산당과 관계를 맺고 있었다) '투쟁의 상
승'이라는 정세에 아주 민감했다. 말하자면 이들 대부분은
'노동총연맹'에 의해 주도되는 파업에 대한 지지라는 측면의
정치화 현상을 확대하려는 경향을 가진 개인에 속하였다. 대
학의 위기는 이들에게 무엇보다도 '고등교육노조(SNESup)'를
통하여 자신들이 개입할 수 있는 첫번째 구실을 확보해 주었
다. 이들은 종종 노타 노선의 반체제 인사들인 '교육일반노조

---

13) 알랭 투렌, 자크 쥘리아르, 피에르 로장발롱은(하단 참조) 각각
1960, 1978, 1988년에 고등사회과학원에서 연구 책임자로 일했다. 오랫
동안 산업사회학연구소와 사회운동연구소를 지도해 왔으며, 《노동사회
학》(1959) 잡지의 창간에 참여했던 사람들 가운데 하나인 투렌은 에드몽
메르의 자문위원 중의 한 사람이었다. 자크 쥘리아르는 '프랑스전국학생
연맹(UNEF)' '교육일반노조(SGEN)'의 회원(1962-76), '프랑스민주노동
연맹(CFDT)'의 회원(1973-1976), 《에스프리》지 편집위원(1984년까지),
미셸 로카르를 지지하는 잡지 《앵테르방시옹 Interventions》의 사장(1982-
1986)으로 일했으며, 현재 《르 누벨 옵세르바퇴르》지의 부사장과 '생-시
몽재단' 회원으로 활동중이다.

(SGEN)' – '프랑스민주노동연맹'의 투사들과 항상 위기 상황에서 아주 활동적인 극좌파 투사, 특히 '공산당혁명연맹'과 경쟁했다.

하지만 이러한 중계자의 본질은 단지 지성인 동원의 조건 중의 하나에 불과했을 뿐이다. 중계자의 개입 수치는 정치 사건의 분석 결과였고, 다른 지성인들의 입장 표명에 대한 반박을 보여 줬지만, 지성인들의 입장 표명에 대한 반박의 의미가 더욱 컸다. 대규모의 동원은 정확하고, 또 넓은 의미에서 자율적인 논리의 결과물이었다. 즉 제시된 논쟁은 서로 어울렸으며, 개입자들의 신용은 검토되었고, 이것은 결과적으로 그룹의 구성에 도움을 주었으며, 아주 새로운 재해석을 유도하였다. 처음에는 '일시적 편승자'만을 동원했던 사건이 어떻게 수많은 사람을 동원하는 행사로 바뀔 수 있는가? 정세가 이들에게 약 12월 10일경부터 정치·언론 매체의 장에서 정부에 의해 야기된 재정 위기를 비난하는 쪽으로 점차적으로 의견이 통일되었지만, 쥐페 법안과 파업자들의 요구에 대하여 '두 진영'으로 나눠진 그룹으로 어떻게 인정받을 수 있었는가? 사회적 위기가 마침내 부각되기 시작하던 중요했던(11월의 하순경) 시간과 사회적 지성인들 사이에서 하나의 분열 요인으로 표출되었던 시간 사이에 흘러가 버린 시간은 이들 사이의 가장 도전적인 투사들이 경험을 통하여 알고 있었던 다음과 같은 사실, 즉 집단 행동은 이 투쟁의 세계에서 시간을 필요로 한다는 것을 보여 줬다. 11-12월에 이 탄원이 만들어져 진수되었다는 사실은 이 점에 있어서 한 예에 속한다. 하나의 탄원은 그 발기인들이 서명을 받아야 하고, 많은 장애물을 극복해야 한다는 사실을 전제로 한다. 즉 주요 인사들의 서명을 받아내야 하고, 종종 공개적인 입장 표명을 꺼리는 사람들을 설득해야 하며, 집단 행동에 적극적이지 않은 사람들을 또한 설득해야 한다. 아울러 대중에게 접근할 수 있는 유일한 수단인 언론의 관심을 끌어야만 한다. 우리가 11월부터 지성인 그룹을 두 개의 '파벌'로서 인지한 것은——사회 운동과 지성인들의 역할에 대한 많은 신문의 사설, 잡지와 책의 특별호가 이 탄원 운동에 대해 전개하게 될 전망을 포함하며——연구자, 투사, 노조 조합원, 저널리스트들 사이에서 표면적으로는 돌발적이고 우연한 것으로 보이는 많은 상호 작용의 결과물에서 기인한 것이다.

우리가 '지성인들의 12월'이라는 특전을 부여받은 시간에 대하여 몇 가지 사실을 기술하고자 할 때, 이들 지성인들의 행동은 때로는 아주 우발적인 작은 사건의 연속으로 나타날 수 있다. 즉 종종 서로를 모르는 작은 집단의 모임, 12월의 상황과 같은 특별한 상황에서만 일어날 수 있는 서로의 만남, '지성인들에게서 무슨 일이 일어나고 있나?'와 같이 저널리스트들이 시국 정세에 보이는 관심 등이다. 하지만 지성의 장에 관심이 있는 사람들을 불러모으게 하는 여러 요소들을 참작해 보면, 우리는 이들 개개인이 집단 의사를 표현하는 일의 영역에서 독특한 위치를 차지하고 있다는 사실을 이해하게 된다. 또한 우리는 탄원 서명을 비롯하여, 개인 자격이나 그룹의 대표 자격으로 언론 매체의 토론에의 참여와 같은 입장 표명이 취하는 형식과 그들의 힘이 완전하게 우연히 이루어진 것이 아니라는 사실을 이해할 수 있다.

2

지성인들, 탄원안을 기획하다

'사회보장기금 개혁을 위한 호소안'[14]과 '파업 지지에 대한 지성인들의 호소안,'[15] 즉 1995년 12월 정치 무대에서 인정되었던 두 개의 중요한 서명자 명단에서, 우리는 그 역할이 서로 다른 형식을 취하지만 분명하게 신원 확인 가능한 탄원 기획자들을 찾아볼 수 있다. 개혁 탄원안의 경우 조엘 로망과 올리비에 몽쟁이 탄원안 기안의 발의자였으며, 의료보험 개혁(assurance-maladie)에 대하여 쥐페 법안을 다른 각도에서 비판하고 있는 니콜 노타의 입장을 지지하는 텍스트를 유포시켰다. 이 두 사람은 인생 여정에서 《에스프리》지와 아주 긴밀한 관계를 맺고 있었다. 이들은 그 당시 이 잡지를 이끌어 가는 중요한 핵심 멤버였다. 조엘 로망은 중등학교에서 몇 년간 교편을 잡았을 뿐이다. 로망은 《에스프리》지에서 일하기 위하여

---

14) 이후부터 독자들의 편의를 위해 개혁 탄원안(Réforme)으로 지칭하기로 한다.

15) 이후부터 파업 탄원안(Grève)으로 지칭하기로 한다.

중등학교를 휴직하기에 이른다. 로망의 철학자로서의 경력과 정치 및 노조 활동은, 로망이 뒤늦게 《에스프리》지에 참여했음에도 불구하고 몽쟁보다 《에스프리》지에서 좀더 자유롭게 일할 수 있도록 해주었다. 실제로 몽쟁은 현재 출판사 사장이라는 이름으로 이 잡지의 법률적인 대표를 맡고 있다. 문학 및 역사학 석사학위와 인류학 및 철학 박사과정(DEA)을 이수한 몽쟁은 1974-1975년 사이 미셸 드 세르토의 첫번째 세미나에 참석했으며, 다음해인 1976년 25세 때 《에스프리》지에서 만든 반전체주의(anti-totalitarisme)에 대한 토론 그룹에 참여했다. 이어서 그가 행한 경력은 폴 티보[16]가 몽쟁 이전에 밟았던 과정과 아주 흡사하다. 즉 1978년부터 《에스프리》지의 기자로 일했으며, 편집차장을 거쳐 편집국장을 역임하고, 1988년부터 《에스프리》지의 사장으로 일해 오고 있다. 오늘날 몽쟁은 때로는 '철학자'로, 때로는 '신문기자'로 소개되고 있다. 《에스프리》지에서의 이와 같은 그의 직책 이외에도 몽쟁은 '문화 · 과학 주간지' 노조의 부장을 거쳐 사무총장으로 일하고 있으며(이 주간지의 출판 재정에도 참여한다), 또한 '생-시몽재단' 회원이자 출판 컬렉션 팀장으로 일하기도 했다.

지성인 세계에서 《에스프리》지의 위치는 이 두 사람이 12월 '서명자 명단 기획자'로 참여했다는 사실에서 찾아볼 수 있

---

16) 1957년 《에스프리》지에 입사하여 과속 승진하여 편집차장에 오른 뒤 1977-1988년까지 사장을 역임한 인물. [역주]

다. 왜냐하면 1995년 탄원 행위는 《에스프리》란 잡지를 중심
으로 그 주변에서 기획된 활동으로 기록되고 있기 때문이다.
1932년 엠마누엘 무니에에 의해 창간된 이 잡지는 당시 '예술
을 위한 예술(l'art pour art)'이 대단히 인기 있는 주제였음에
도 불구하고 이러한 운동과는 거리가 먼 '인격주의 운동'에서
출발한 지성지에 속한다. 몽쟁이 다음과 같이 말하는 것처럼,
이 잡지가 경제·사회적 시사 문제에 관심을 갖게 된 것은 최
근의 일이다.

"우리의 역할이 정치를 재평가하는 데 있었던 기간, 즉 티보
가 이 잡지의 사장으로 일했던 전 기간 이후 우리는 전체주의
를 추구하고, 또 전체주의에 대한 서류를 자료로 만들고 있
다……. 물론 우리가 유럽뿐 아니라 프랑스어권에 이르는 다른
문제, 즉 경제 문제이면서 동시에 사회 문제에 관심을 가졌던
것은 사실이다(…). 이것은 베를린 장벽의 붕괴와도 약간은 관
계가 있는 문제이다. 물론 일부 현상을 관찰하는 것이 필요했
다. 물론 나는 증폭되고 있는 위기에 대해 말하려는 것이 아니
라, 고용의 위기에 대해 말하고자 한다. 실제로 사회 영역, 즉
더 이상 고용의 경제 영역이 아닌 소외의 사회적 영역——이
용어는 재평가해야 할 것이지만——에서 고용의 위기에 관련
된 토론을 참작해야 했다."

사회·경제적인 문제에 접근하면서, 《에스프리》지는 예수회

잡지인 《프로제》와 같은 잡지와 한층 더 경쟁 관계에 놓이게 되었으며, 《르 데바》와 같은 잡지와도 최소한의 경쟁에 들어 갔다. 개혁안에 대한 탄원은 이들 잡지에 공표한 서명자들을 포함할 것이다. 이들 잡지는 '토론,' 특히 '사회 문제'에 대한 토론에 동의하는 자신들의 상대적인 입장뿐만 아니라, 이들 잡지가 보유하고 있는 중요한 지성인들로 인하여 자신들의 상대적인 위치가 구별되었다. 《르 데바》지가 《에스프리》지나 《프로제》지·《에튀드》지를 비롯하여, 예수회와 도미니크수도회가 후원하는 지성 잡지인 《경제와 휴머니즘》보다 이러한 문제에 더욱 큰 관심을 가졌다는 사실은 이론의 여지가 없다.[17] 이들 잡지의 편집국장들의 강한 영향을 받아 온 대학의 입장은 이러한 사실을 잘 보여 준다. 예를 들어 고등사회과학원 (**EHESS**) 학장이면서 편집장인 피에르 노라를 비롯하여 마르셀 고세가 대표적인 예에 속한다. 이들 잡지의 공간에 토론 주제를 게재한다는 것은 하나의 내기가 될 수 있다. 개혁안 호소문에서 예컨대 드니 올리벤이나 프랑수아 스타스와 같은 '중요한' 많은 서명자가 참여했던 《르 데바》지는 1996년 봄에 '국가-신뢰도(État-Providence)의 문제'란 토론의 주제를 게재했고, 이어서 이에 관한 토론이 이루어지기를 주장할 것이다.

---

17) 많은 수도사, 예컨대 예수회의 앙리 뷔스리(Henri Bussery), 장 이브 칼베(Jean-Yves Calvez), 앙리 마들렝(Henri Madelin), 크리스티앙 멜롱 (Christian Mellon)을 비롯하여 도미니크회 수도사인 위그 퓌엘(Hugues Puel)이 개혁안 탄원에 서명하였다.

사람들은 올리비에 몽쟁의 담론을 참조하면서 이들 잡지에
《에스프리》지의 입장에 대한 각자의 의견을 기고할 수 있었
다. 1994년 《르 데바》지와 행한 인터뷰에서 몽쟁은 다음과 같
이 설명하고 있다.

"지성 잡지는 매스미디어 세계와 연구자 세계 사이의 교각
역할을 하는 것이 아니라 지성인 자신의 수준에서, 학자나 언
론 매체 수준에서 드러나지 않는 토론에 생기를 불어넣는 역할
을 하는 것이며, 또한 학자나 언론 매체의 수준에서 실패했거
나 왜곡된 토론을 재개하는 역할을 하는 것이다. (…) 《르 데바》
지와 같은 잡지가 학자들 직업에 고유한 토론의 숫자를 좌지우
지했다는 것은 우연의 산물인가? 《에스프리》와 《프로제》 같은
잡지처럼 사회 문제를 좀더 부각시키는 잡지들이 노동으로 인
한 통합의 위기나 소외에 관한 토론을 추진하는 데 공헌했다는
사실 또한 우연의 산물인가?"

몽쟁은 우리에게 할애한 인터뷰에서 사회보장제도에 대하
여 다음과 같이 설명하고 있다.

"나는 당당하게 말하고 싶다. 《프로제》지는 《에스프리》지에
서 이미 언급했던 문제를 다시 한번 잘 지적하고 있다. 한번 더
말하지만, 사회보장제도는 나의 사유지가 아니다. 하지만 여러
분들이 아주 주의 깊게 잡지를 읽어본다면, 나를 포함한 우리

모두가 사회보장제도에 대하여 아주 지나치게 예민해 있다는
사실을 확인할 수 있다고 생각한다.”

　무엇보다도 《에스프리》지를 주도하는 사람들의 활동은 공공
지면에 전체주의, 폭력, 시민 의식, 학교, 이슬람, 도시, 현대
예술, 노동 등과 같은 사회의 중요한 주제를 해설하거나 소개
또는 기고하는 일이었다. 이와 같은 현대 세계에 대한 성찰은
예컨대 폴 리쾨르와 같은 몇몇 작가를 비롯하여 마르셀 고세
(잡지를 통하여 작품을 기고)의 작품, 외국에서 수입된 정치철
학의 주제(예컨대 존 롤스)를 근거로 한다. 또한 피에르 부레
츠 · 자크 동즐로와 같은 대부분의 사람들이 잡지의 편집위원
인 몇몇 대학교수들의 연구를 바탕으로 한다. 이러한 성찰은
잡지의 틀을 크게 벗어나며, 《에스프리》지에 의해 조직된 공동
연구 그룹, 회의, 토론, 작품 등에서 계속 이어진다. 실제로
《에스프리》지의 동업자들은 에세이, 소개문, 해설 비평집 등
을 정기적으로 출간하였다. 예컨대 조엘 로망은 《3백 선집을
통하여 안내받는 여정》이라는 부제가 붙은 《현대 사상 연대
기》란 책의 저자이기도 하다. 마찬가지로 이 잡지의 책임자들
은 《에스프리》지의 편집과 여러 컬렉션의 편집을 책임지고 있
다. 따라서 올리비에 몽쟁은 쇠이유 출판사에서 만드는 ‘사상
의 색깔’ 컬렉션 편집의 공동 책임자이며, 얼마 전부터는 아
셰트 출판사[18]의 ‘사회 문제’ 편집을 담당하고 있다. 잡지 · 토
론 · 컬렉션은 주제의 공통성을 나누고 분할하며, 《에스프리》

지의 동업자들에게는 그만큼의 출구를 만들어 주는 셈이었다. 이것은 다른 조직망, 예컨대 고등사회과학원, 《르 누벨 옵세르바퇴르》지 등으로 전달되어 '사회 토론'을 확산시켜 주는 수단이 되는 것이다.

《에스프리》지의 문체, '사회 토론'에 관한 시론

《에스프리》지의 기고가들은 '사회 문제'에 관한 시론에서 아주 특별한 지성인이라는 모델의 전문성을 보여 주었다. 《이미지의 폭력, 또는 어떻게 그 폭력을 제거할 수 있는가?》(1977, 쇠이유 출판사)는 이러한 이들의 관심을 잘 보여 주는 좋은 본보기의 해설서에 속한다. ──왜냐하면 이 책은 《에스프리》지의 사장인 올리비에 몽쟁이 서명한 작품이 확실했기 때문이다. 과학 서적도, 신문 앙케트도, 훌륭한 철학 서적이나 영화 비평서도 아닌 이 책은 이들 '장르'와 혼동되고 있다.

몽쟁은 이 작품에서 정치-언론의 전형적인 문제로 떠오르는 현대 사회에서의 '폭력'에 관한 '명상'을 제안하고 있다. 예컨대 몇몇 영화나 텔레비전 연속물이 어린이들에게 공공연하게 행사하고 있는 폭력을 부추길 수 있는 선동의 문제와 같은 사

---

18) 프랑스를 대표하는 출판사 중의 하나로 쇠이유 출판사와 더불어 인문학 관련 전문 서적을 출간하는 출판사로 유명하다.〔역주〕

회 문제가 그것이다. 이와 같은 '사회 문제'에 대하여 '모든 것을 명백하게 밝히고' '폭로하기' 위하여, 몽쟁은 최근의 영화에 기초하여 자신의 영화에 대한 해설을 제안한다. 몽쟁의 영화에 대한 해설은 역사·사회적인 작업일 수도 있고, 영화 비평 및 《에스프리》지의 측근들이 서명한 에세이집일 수도 있다. 몽쟁에 의하면 이 에세이는 무엇보다도 "민주적 '열정'에 대한 장기 강의록, 말하자면 프랑스 사회의 사악한 면이나, 저주받거나 감춰진 부분에 대한 고발"이라고 말하고 있다.

이러한 '사회 문제'를 자율화하면서, 몽쟁은 그 자체로 사회를 구성하고 있는 정치 작업과 사회 문제를 분리하고 있다. 몽쟁이 이용한 데이터와 분석은 다양한 참고 문헌을 가진 세계에 속하며, 논쟁의 대상이 되었다. 예컨대 철학적 개념인 '카타르시스'나 '자연의 상태'는 학교 문화에 속하며, 페이지 하단에 아주 짧은 주석으로만 설명했을 뿐 해설이 거의 없다. 마찬가지로 특히 사회에서의 폭력의 위치나 영화의 소비를 다룬 인문과학의 작업은 아주 인상적인 방식으로 인용되어 있다. 따라서 노르베르 엘리아스[19]에 관한 이야기는 결론 부분에 헌정 형식으로 단지 몇 줄로 기술되어 있을 뿐이다. 통계 데이터와 이에 대한 해석은 아주 모호하다. 따라서 다음과 같은 사실을 읽을 수 있다(p.145에서):"우리는 70년대 중반에 무례함과 폭력의 양

---

19) 알제리 태생의 프랑스인으로 의사이면서 《르 누벨 옵세르바퇴르》지에 전문적으로 기고를 하던 프랑스 지성인 중의 한 사람.〔역주〕

적 증가를 관찰할 수 있었다. 이것은 폭력 이미지가 자양분으로 하는 희생물의 상상적 세계로부터 나오는 불안한 감정의 상승을 촉진하는 현상으로 볼 수 있다." 마지막으로 《천부적 살인자》나 《증오》와 같은 영화 그 자체는 '민주 사회'의 단순한 폭력 소굴로 간주되어 있으며, 비록 저자가 영화 잡지 《카이에 뒤 시네마》[20]에 실린 여러 기사를 참조하고 있음에도 불구하고 어떠한 형식의 비평 주석을 가하지 않는다.

에세이에서 다른 작품을 자유롭게 이용하고 자신의 방법을 명백하게 드러내지 않으면서, 자신의 방법을 문제시하지 않는 것이 일반적인 경향이라고 해도, 몽쟁이 지성의 장에서 에세이스트인 자신을 타인과 구별하게끔 해주는 빛나는 문체나 혁신적인 주제나 자료를 참조하지 않고 있는 것은 아주 드문 현상이다. 몽쟁은 모든 직접적인 지적 대결을 피한다. 말하자면 몽쟁은 그 어떤 적대자도 지명하여 암시하지 않는다. 마찬가지로 영화 전문가들이나 사회과학 전문가들이 참여했던 《이미지의 폭력》을 주제로 한 '프랑스-퀼튀르(France-Culture)'[21] 라디오 방송에서의 방송 당시, 몽쟁은 "여러분들이 저보다 더 훌륭합니다" "나는 이러한 의도가 없습니다"라는 문구를 사용하면서, 토론 참가자들이 자신보다 토론 분야의 전문가라는 것을 인정

---

20) 영화 관련 대학 연구지가 아닌 영화를 전문으로 하는 최고의 영화 지성 잡지.〔역주〕
21) 프랑스어 의미 그대로 24시간 프랑스 문화 전반을 진단하는 격조 높은 '문화 방송'이다.〔역주〕

하여 양보했다. 몽쟁이 자신의 계획대로 '자아의 위기'나 '우리 민주 사회에서의 개인주의'에 관해 글을 쓰고, 말하고, 자문하고, 많은 에세이(《이미지의 폭력》은 몽쟁의 1991년 이후 네번째 에세이에 속한다)를 집필할 수 있었던 것은 다름 아닌 자신의 신념 때문이었다. 따라서 출발점으로 '사회에 대한 토론'을 취하는 것은 끝이 보이지 않는 의문 형식을 취하는 '지성적·정치적 보수주의'에 유죄 선고를 내리는 것이다. 그리하여 모든 종류의 '사회 문제'를 간단히 다룬 후에('교외'에서의 폭력, 현대전(戰), 영화 생산) 몽쟁은 제기된 문제에 대한 제안이나 해결책의 제시로 책을 끝내는 것이 아니라, '폭력에 관해 우리가 요구한 의미'에 대한 명상에로의 초대 형식으로 책을 마무리한다. 마치 이러한 모든 계획이 정치 문제를 단순한 의식의 문제(폭력은 우리의 머릿속에서 일어난다)로 변형시킬 수 있도록 허락했던 것처럼.

개혁 호소안의 기획자들인 《에스프리》지의 주동적 인물들은 사실상 평상시 그들의 활동을 통해서 볼 때 어떤 점에서는 이런 부류에 속하는 인물들이었다. 말하자면 이들은 잡지, 잡지의 편집이나 연구 그룹의 조직에서 각양각색의 주소를 소지한 강력한 '중개인'의 역할을 했다. 《에스프리》지의 모든 협력자들과 이들이 감수하는 컬렉션에서 책을 출간하는 저자들뿐만 아니라, 평상시에는 서로 떨어진 환경 사이의 회동(연합, 대학, 정치 기구)과 토론에 참가하는 사람들이 《에스프리》지 공동 편찬자들과 관계를 이루고 있음은 말할 나위 없다. 몽쟁이《회의주의에 직면하여》란 책에서 주장하는 입장, 즉 '지성 비평 중재인'의 입장은 '학자와 대중 매체 사이의 정중앙의 입장, 다시 말해 중재자의 입장'을 잘 표현하고 있다. 이 정중앙의 입장은 개혁 행동에 참여하는 지성인·저널리스트·정치인을 비롯하여 '연합인'들, 미국식 두뇌집단(Think Tank)과 프랑스식 명상클럽 사이에서 대학인과 명석한 지도자로 간주되는 '생－시몽재단' 사이의 중재자의 입장이기도 하다.《에스프리》지의 책임자들은 만약 이 잡지가 추구하는 정의가 어느 정도 민주 사회의 실현이 아니라면, '민주 사회'라는 개념에 그토록 관심을 두지 않을 것이다. 이 잡지는 '토론'의 장소이다. 이 장소에서는 때로는 서로 상반되는 이해 관계의 투쟁을 극복하고, '공통의 명상'을 만들어 내기 위하여 서로가 일하는 시민만이 존재한다. 만약 이 잡지의 책임자들이 오늘날 '가톨릭 지성인'이 되기만을 옹호한다면, 기독교 통합 운동에서의 자신들의 성향, 중재자로서의 입장을 고수하고자 하는 성향은 종교 영역에서 형성된 자신들의 체질을 환기시켜 주는 것이다.

이들은 결과적으로 쥐페 법안의 수용 당시 사회당과 프랑스 민주노동연맹 주위에서 조직된 '야당'의 분열을 냉엄하게 경험할 수 있었을 뿐이다. 이들은 스스로가 자신들의 행동을 통하여 니콜 노타가 자신의 연구소 안에서 접한 논쟁, 개혁 앞에서의 사회당 중요 핵심 멤버들의 '망설임,' 자신들이 '좋은 기회를 잃어버리려고 한다'면서 사회당 당원인 좌파 의사들로부터 받은 전화가 행했던 중요한 역할을 모두 설명한다. 이들의 동참 호소안은 '프랑스민주노동연맹' 사무국장이 건강보험 개혁안이 비록 우파 정부의 승인을 받더라도 '좌파'가 권고하는 개혁안과 일치한다는 사실에 무게를 두면서, 쥐페 법안에서 보여 주었던 비평적 지지와 동시에 《에스프리》지가 수년 전부터 다듬어 왔고 보급하는 데 공헌했던 바로 그 지지안을 인정하는 것이었다. 이러한 호소안은 정치적 승부수의 '민중선동'의 고려가 아닌 이성이나 사회보장제도에 대한 이들의 지식(전문가들의 경우)이나 이들 영역에서 가까운 사람들(연합지도자들)을 통하여 조정을 받는 서명자들과, 특히 쥐페 계획안을 비난했던 자크 들로르와 같은 공산당의 핵심 인물들이나 책임자들을 서로 대립시켰다. '중개자'의 역할을 했던 《에스프리》지의 책임자들만이 아주 다른 사회 환경에서 모여들었거나, 《에스프리》지에서 이미 제안한 '명상'과 일치하는 의료-보험 체계의 보편적 제도를 예상하는 개혁을 지지하기 위하여 모여든 서명자들을 규합할 수 있었다.

  파업 탄원안 기획자들의 역할은 아주 달랐다. 11월 최근 동안 이들 기획자들이 일상적인 만남에서 가졌던 대담과 파업 호소의 역사를 환기시키면서, 몇몇 서명자들은 반드시 행동으로 옮기기 전에 '무엇인가를 해야 할 필요성'을 느꼈다고 말한다. 제라르 모제(국립과학연구소 연구실장이자 '도시의 문화와 사회(CSU)' 소장이면서 '붉은 구원(Secours rouge)'[22]의 옛 당원이기도 한)는 며칠 뒤에 자신이 서명을 제안했던 몇몇 사람들에게서 느꼈던 상실감으로 인하여 생긴 무기력함이 뒤섞여 버린 욕망을 느꼈다면서, 다음과 같이 말하고 있다.

"나는 나의 영혼 상태를 말하고자 한다. 어느 월요일 아침(11월 27일) 나는 나의 사무실에 있었다. 나는 며칠 후에 두 개의 박사학위 공개 발표가 있어서 읽어야 할 논문이 많았다. 하지만…… 나는 도무지 일을 할 수가 없었다. 왜냐하면 프랑스에서 무슨 일인가가 일어나고 있었기 때문이다. 아무 일도 하지 않는 것은 유감스런 일이라고 나는 생각했다. '무엇인가를 해야만 할 것이다'라고 나는 자문했다. 하지만 나는 무엇을 어떻게 해야 할지 알지 못했다……. 많은 사람들이 나와 유사한 상황에 처해 있었다. 이들은 사람들이 넋을 빼앗긴 상태라고 부르는 대기 상태여서, 사람들은 이들에게 무엇인가의 시작과 흡사한 무엇인가를 제안하였지만 이들은 완전히 무기력했고, 그것이 어떤 것이든 무엇인가를 할 상태가 아니었다. 요컨대 너는 그처럼 좋은 의지가 있지만, 그것이 무슨 일이든지간에 너 자신에게 유익하도록 할 수 있는 것은 아무것도 없었다.

이러한 타격은 조직의 해체, 모든 노조, 정치, 직업조합의 상실을 의미한다. 말하자면 직업적인 하부 조직의 만남이 완전히 사라졌음을 의미한다."

---

22) 벨기에에 본부를 두고 있는, 노동자와 시민 같은 약자를 지지하는 혁명투사 그룹.〔역주〕

파업 탄원서 발의자들은 정치·노조 조직의 가운데에서 활동하는 투쟁 노선, 일반적으로 가장 강경한 좌파적 성격을 공통분모로 한다. 이들은 조직 구성의 대표자인 '11인의 그룹(Groupe des Onze)'이라는 별명이 붙은 단체로 드러나기를 고집했다. 이 그룹의 구성 논리는 당의 논리와 유사하다. 빠르게 서로를 융합시켜 준 두 발의안으로부터——이들의 투사로서의 성향에서 비롯된 것이지만——'팀'을 만들기 위해서, '서로 다른 비판적 정치 성향을 가진 개인 대표자들'을 규합하기 전에 이들이 조직한 모임은 아주 자발적인 방식으로 이루어졌다. 두 좌파 사회당 대표자는——옛 트로츠키파 이념으로 무장한 사회당이 중심인——제라르 필로쉬와 로랑스 로시뇰이며, 이들은 준비중인 텍스트를 갖고 있다고 말했고, 이들 또한 초대받은 빈객이었다(해설에 따르면 이들이 이 조직에 잠입했다고 말한다).

이 11인의 그룹은 6명의 여성 투사를 포함한 남·여 투사로 구성되었다. 이 중에서 몇몇은 정치·노조 위원장이며, 또 대다수는 공산당혁명연맹 멤버였거나 현재 멤버로 활동중인 사람들이다. 가장 젊은 사람은 30대이지만 50대도 찾아볼 수 있었다. 몇몇은 파리8대학(생-드니대학)에서 정치철학·정치학·현대사를 강의하고 있었다(예컨대 드니 베르제, 앙리 말러, 미쉘 리오 사르세, 이브 생토메르). 또 일부는 '국립과학연구소'의 연구원이며(예컨대 다니엘 케르고아, 카트린 레비, 소피 바니쉬), 또 일부는 정규직 연구원이 아니었다(예컨대 개인 연구원인 이브 브노, 번역가이며 동시에 11월 25일 여자 시위를 주도했던 여성인 마야 쉬르뒤). 이들이 정기적으로 기고했던 투쟁지 및 대학 잡지(예컨대 《폴리티스-라 르뷔》《콜렉티프》《퓌튀르 앙테리외르》) 이외에 대부분의 사람들은 역사서나 정치 서적, 특히 마르크스 사상이나 19세기 사회·노동자 운동, 민중 운동에서의 여성의 위치, 식민지 역사, 최근의 현대사(예컨대 프랑수아 미테랑 집권기, 간호사와 그들의 구조 조정, 공산주의에 대한 프랑수아 퓌레의 논문 등)에 관한 서적을 저술하였다. 이 저술의 일부는 좌파 또는 극좌파 성향의 출판사로 불리는 '마스페로(Maspéro)' '르 시코모르(Le Sycomore)' '에디시옹 드 라틀리에(Édition de l'Atelier)'에서 출간되었다. 또 일부는 '라 데쿠베르트(La Découverte)'와 같은 좀더 '학문적인' 전문 출판사에서 출간되었지만, 이들의 투사로의 시계가 학문적인 시계보다 더 강했다. 《폴리티스-라 르뷔》와의 정기적인 협력은 고등교육에서 '비판적 좌파의 대변인'의 입장과 인문학에서의 연구를 가장 잘 요약하고 있다. 이들은 '공산당혁명연맹'의 베일에 깔린 제도와 대조를 이루는 이 《폴리티스-라 르뷔》라는 공공 잡지의 논단에 생기를 불어넣으면서 자신들의 사고를 향상시켰고, 독창적인 기사로 더욱더 인정을 받고 있던 연구원들을 모집할 수 있었으며, 이들의 텍스트를 복사할 수 있는 허가를 얻어냈다.

내부 보고서(p.47 부록)에서 공산당혁명연맹 정치국의 한 통신원은 '11인의 그룹'을 개혁 호소 참여 발의인의 핵심 멤버로 인정할 것이다. 하지만 이 그룹 멤버의 일부는 초기의 모집 동원에의 참여가 끝난 후 사라진 사람들이라는 사실을 분명히 밝히고자 한다(초기에 상당히 활동적이었던 서명자들을 핵심 멤버로 공인할 수 없다. 왜냐하면 이들은 11월 26일의 중요한 모임에 참석하지 않았기 때문이다).

이날의 회합에서 '11인의 그룹' 회원들은 오랜 협상 끝에 '자신들의 책임'을 환기시키면서 파업자들과 연대를 이룰 것이라는 텍스트에 합의했다. 이 텍스트는 '사회 운동에서 야기되는 비판과 우리의 사회 활동, 노동, 교육 분야의 진정한 불평등 및 위선된 가치관에 대한 비판을 해소하는 데 모든 노력을 집중해야 한다'는 사실을 강조하고 있다. 또한 이 텍스트는 '현재의 사회 운동'을 합법화한다. 이러한 사회 운동에 대한 '공식적인 홍보'는 파업자들과 파업자들의 요구를 '일반적인 이해' '모든 사람들의 평등'(특권 계급이 아닌) '사회 생활의 필수품'(시장 경제의 법률이 아닌) '헌법' 준수의 틀 속에 두고 있는 개혁안의 비전을 대신한다. 또한 이 텍스트는 '사회 운동의 통일'을 주장한다. '공공 서비스의 옹호' '우리는 어느 사회에 살고 있는가?'를 알아야 하는 문제, '우리가 원하는 유럽'과 같이 개개의 운동에 대해 평등을 원칙으로 하는 주제는 '봉급생활자' '대학생'을 비롯하여 '여성의 권리 침해에 항거하여 거리로 쏟아져 나온 시민들'을 규합할 수 있었다. 종종 동원수사학을 이용하는 이와 같은 호소문에 대한 해석은("우리는 파업자의 편에 서는 모든 사람들, 즉 파업에 참여하는 '대다

수의 시민들을’ [23] 동원수사학이라 부른다”) 조직을 하려는 사고
의 흔적을 보여 준다. 이 조직 사고의 목표는 ‘국민 모두의 평
등’ ‘사회법’과 같은 공통분모 주변으로 서로 다른 사회 운동
을 결집시킨다. 또한 이 조직적 사고는 ‘시민적 · 사회적 · 생
태적 유럽’이나 ‘공화국연합(RPR)’을 거부한다. 아울러 이 조
직적 사고는 공공 서비스, 사회보장과 유럽을 구분하고 있는
1년 후에 ‘사회 운동의 삼부회’로 통용되게 될 일부 정치 서류
의 거부라는 암호를 중심으로 ‘서로 다른 비판적 좌파의 감수
성을 가진 그룹’을 한곳으로 모으려고 한다.

〔부록〕

‘지성인’들의 호소안에 관하여. 제1안
크리스틴, 님.

이 호소안 텍스트의 출처에 관하여 모든 매스미디어에 알
려진 사실은 완전히 잘못된 것이므로 진실을 밝히는 것이 중
요하다.
11월말 니콜 노타와 알랭 쥐페의 항변에 대하여 《에스프
리》지에 의해 시작된 호소안에 대한 반작용으로 파업자들을
지지하는 지성인의 호소를 담고 있는 두 개의 발의가 제기되

---

23) 필자 강조.

었다. 하나는 파리8대학의 교수진인 드니 베르제·앙리 말러·미쉘 리오 사르세를 중심으로 작성된 호소안이며, 다른 하나는 '국립과학연구소'의 이브 브노·카트린 레비와 같은 연구원을 중심으로 만들어진 호소안이다. 이 두 발의자들은 곧 통합되었다.

12월 1일 쥘리앵 드레의 요청으로 드레와 연합(Ligue)의 정치국 회원인 올리비에·룰타비유·바르탕)과의 만남이 이루어졌다. 드레는 사회 좌파의 시위가 준비중에 있다고 알렸다. 공산당혁명연맹 대표자들은 사회 좌파의 호소안이 하나로 통일되기를 희망하며, 말레르와 사회 좌파와의 접촉을 희망했다. 이 모임을 주도한 정치국은 현재 진행중인 호소안 전체를 계속 추진하는 장소로 님을 선택했다.

이렇게 제1차 모임은 토요일인 2일에 이브 브노·다니엘 케르고아·자크 케르고아·카트린 레비·앙리 말러·미쉘 리오 사르세·이브 생토메·마야 쉬르뒤·소피 바니쉬가 참석한 가운데 라제카(L' Ageca)[24]에서 개최되었다. 이 명단에 생토메르와 함께 일했지만 단 한번밖에 얼굴을 볼 수 없었던 마기 베게를 추가하면 바로 '11인의 발기인'의 공식 명단이 만들어진다. 제라르 필로쉬와 로랑스 로시뇰은 제2차 모임에서 합류했다.

필로쉬와 로시뇰은 원안 그대로의 사회보장법안(Sécu)을 원칙적으로 지지하면서 정치인들의 서명을 받을 계획안을 준비했다. 이들은 이미 수중에 이 계획안에 서명을 마친 사회주

---

24) 파리 11구에 위치하고 있는 연합회원 복지센터.〔역주〕

의자들의 명단을 담은 책자를 갖고 있었다. 하지만 이들은 곧바로 우리가 첫 회동일 아침에 작성했던 기본 텍스트로 일을 진행하기로 했고, 마침내 동의안을 만들었다. 좌파 사회당을 위해 누가 서명을 하느냐의 문제만이 남았다. 좌파 사회당을 대표하는 사람으로는 아를렘 데지르[25]의 이름으로 가결되었다.

회의의 끝. 회의가 거의 끝나갈 무렵 전화벨 소리와 호기심에 찬 언론 방송사의 취재진들이 복도를 가득 메웠고(이런 일은 종종 발생한다), 회의의 결정을 재검토했다. 데지르의 서명에 대한 항의가 일어났다. 따라서 모든 사람들이 양보하기에 이르렀다. 왜냐하면 사람들이 이 작업 과정에서, 사회 계층에서 아를렘 데지르라는 인물의 평판이 좋지 않는 사실을 과소평가했기 때문이었다. 필로쉬와 사회당(GS) 또한 양보하여 데지르 안의 철회를 받아들였고, 자신들만이 서명했다.

우리는 이 단계에서 발의안에 대한 부르디외의 허락을 얻었지만, 이것이 최종 텍스트는 아니었다. 하지만 서명 작업은 곧바로 계속 이어졌다. 제일 먼저 서명 활동에 들어간 조직은 《퓌튀르 앙테리외르》지와 《폴리티스 라 르뷔》지, '노조운동연구(Ressy)'을 비롯하여 파리8대학, '국립과학연구소'의 '노동의 사회적·성적 분과연구그룹' '콜레주 드 프랑스(Collège de France)'(부르디외), 여성지를 비롯하여 '국무의원 및 고급공무원' 조직망 등이 가담하였다.

---

25) 사회당 출신의 유럽의회 의원으로 세계화의 반대에 앞장서고 있으며, 소외된 사람들을 위한 정책을 주도하는 인물.〔역주〕

바로 이 시기에 발의안 원안에서 크게 벗어나지는 않았지만, 더욱더 잘 다듬어진 부르디외의 발의안이 우리에게 도착했다. 부르디외와의 연락이 어려운 상태를 감안하여(부르디외는 어머니의 임종을 지키며 전화도 없는 베아른에 있었다), 텍스트는 부르디외가 보내 준 원안대로 하기로 결정되었다.

또한 잡지 '엠(M)' '메를로퐁티(Merleau Ponty)' '카트린 레비' '정치생태학(Écologie politique)'과 같은 곳에서 또 다른 서명 작업이 진행되었고, 우리에게 2백 명 이상의 서명자 명단이 도착했다. 12월 3일자 《르 몽드》지에 호소안을 알리는 공고를 게재하기로 결정했다.

케르고아는 12일의 시위가 끝난 후 부르디외와 노조 지도자, 소외된 사람들을 이끌고 있는 사람들과 역에서 만나자는 제안을 하였다. 베르제는 토요일인 9일에 드라공 가(街)에서 서명한 사람들 전체 모임을 비밀리에 열자는 제안을 했다.

월요일인 4일 정치국 사무실에서의 모임은 호소안에 맞춰졌다. 정치국의 한 회원이 여러 가지 비평을 쏟아냈다. 그는 알지 못하는 명사들만이 호소안에 서명했으며, 따라서 사회적으로 지명도가 높은 '중요한 인물'의 호소안에 대한 서명이 추가로 필요하다고 평가하였다. 또한 이 회원은 "드라공 가에서 개최하자는 모임에 50명 정도가 참여할 것이며, 이 모임에 참여하는 사람들은 호소안에 가장 관심이 없거나 사회적 지명도가 떨어지는 사람들일 것이다. 이들 이외의 다른 사람들은 오지 않을 것이다"라고 말하면서 이 모임에 대한 무관심을 주장했다. 더욱이 12월 12일의 시위 다음에 부르디외와 함께할 회합의 중요성에 대해서도 "50명 앞에서 부르디외에게 연설하게 하는 것은 또한 비생산적인 일이다”라고 말하면서 평가 절하했다.

《르 몽드》지에 공고한 호소안은 발기인들 사이에서 큰 동요를 불러일으켰다. 《르 몽드》지는 사회적 지명도가 가장 높은 17명의 서명자 명단을 게재하지 않았다. 왜냐하면《르 몽드》지는 이들 명단이 학교나 사회 여러 각 분야에서 전례의 표제로 인용될 수 있다고 생각했기 때문이었다. 그래서 《르 몽드》지는 다른 이름을 선택했다. 문제는 확실히 제기되었다. 예컨대 벤사이드라는 이름(‘동맹공작(Manip de la Ligue)’)에서, 해설에서, ‘노조운동연구’에 할당한 중요성에서 서명에 참여한 유일한 여성은 마리나 블라디이며, 이 여성은 크리빈(Crivine)이 마지막 순간에 서명자 명단에 넣었다는 사실…… 등등에서 문제가 제기되었다. 이러한 모든 문제는 곧 있을 호소안의 성공을 위한다는 명목으로 아주 빠르게 무마되었다.

12월 9일 토요일 드라공 가에는 3백 명 이상의 사람들이 모여들었다. 안 케리엥과 같은 ‘가타리 지지자들’[26]과의 피할 수 없는 논쟁이 벌어졌다. 요컨대 “이 모두는 아무런 도움이 되지 않으며, 윌리 펠티에와 ‘특권 지식인은 이제 그만(Halte aux mandarins)’과 같은 《사회비평》지에서 일하는 사람들과 파업에 참여해야 한다”라고 주장하는 가타리 지지자들과의 논쟁이 불가피했다. “부르디외를 너무 이용하지 맙시다. 대

---

26) 철학자이자 심리분석가였던 가타리를 지지하는 사람들의 모임.〔역주〕

학에서 부르디외의 저작을 이용하는 지배적인 현상을 재현하
지 맙시다.”

　하지만 모임은 잘 마무리되었으며, 폴 보카라 · 에티엔 발리
바르 · 크리스틴 델피 · 장 루이 무아노와 같은 사람들이 이
모임에 참석했으며, ‘노동총연맹’의 리디아 브로벨리 · 루이
비아네 등의 지지를 얻어내기에 이르렀다. 대다수의 사람들
은《르 몽드》지에 호소안의 광고 게재를 원했다. 부르디외와
철도노동자와의 만남이 주선되었다. 발기인 숫자의 확대 문
제가 해결되지 않은 몇 개의 기준 제정을 위한 토론을 제기하
는 사람들 사이에서 새로운 문제로 떠올랐다. 회의가 끝나갈
무렵 50명만이 자원봉사자로 남았을 뿐이다. 결국《퓌튀르》
지의 제라르 모제 · 디디에 레쉬 · 카트린 트리코 · 프랑수아
즈 로랑과 ‘메를로퐁티’ 재단[27]의 필립 코르퀴프가 발기인 그
룹에 합류했다.

　12월 12일의 시위: 이날의 시위를 알리는 팸플릿은 잘 배
포되었으며(약 40여 명이 팸플릿의 배포에 참여했다), 시민들
의 환대를 받았다. 시위에의 참석은 예상했던 대로 약간은 초
라해 보였다. 이와는 달리 리옹역의 회동은 성공적이었다. 약
1천여 명의 사람들이 리옹역의 모임에 참석했고, 리옹역 부근
에 모임 장소를 찾는 약 2천여 명의 사람들이 몰려들었다. 이
같은 사실은 다음날 언론에서 큰 반향을 불러일으켰다.

---

27) 에콜 노르말(파리고등사범학교) 출신의 철학자인 메를로 퐁티
를 기념하여 만든 재단. 퐁티는 사르트르 · 보부아르와 함께 철학 잡
지인《레 탕 모데른 *Les Temps modernes*》지를 창간하기도 했다.〔역
주〕

이 시간 동안에도, 그리고 계속하여 사람들의 서명이 이어졌다. 《퓌튀르》지는 이 서명 작업에서 주도적인 역할을 했으며, 특히 지방에서의 역할이 컸다. 마침내 좌파 사회당이 호소안을 진수시켰지만, 두각을 나타내지 못했다. 공산당 또한 또 다른 호소안인 밀리스 안을 공표했지만, 이것 또한 성공하지 못했다. 마침내 약 2천여 명의 서명자 명단이 확보되었다.

(출처: 공산당혁명연맹중앙위원회의 '사회 운동 결산' 보고서)

3
지성인들의 이름을 세다

자신들의 탄원에 무게를 싣기 위하여 탄원 기획자들은 자신들에게 부족한 특별한 권위와 위엄을 찾으려고 노력했다. 사람들이 상징을 내포하는 핵심 축적의 형식으로 간주할 수 있는 텍스트에 게재된 이들의 이름은 두 개의 논리, 즉 숫자와 이름이라는 논리를 결합하고 있었다. 제한된 시간에 최대한의 이름을 결집시켜야 하고(왜냐하면 모든 이름이 가치를 갖고 있는 것이 아니기 때문에), 따라서 자신의 힘, 즉 모아진 사람들의 이름을 공표해야 한다. 발기인들은 이 작업을 용이하게 하기 위해 미리 조직된 망에 도움을 요청할 수 있거나, 동원 인력이 되고자 동원된 사람들에게 동원 노동의 일부분을 위임할 수 있었다.

개혁 호소안을 위한 서명의 규합은 일상적이지만 전문적인 방식으로 진행되었다. 조엘 로망과 올리비에 몽쟁은 《에스프리》지의 인프라를 이용했으며, 특히 파리 제3구에 위치한 사무실을 이용했다. 이들은 동원에 필요한 기술적인 부분을 이 잡지의 비서국에 위임했으며, 평상시에는 일상적인 심포지엄이나 기사 요구, 잡지사의 경영에서 필요한 경우 조직했던 일의 방식에 의존했다. 게다가 12월 1일자 가톨릭 일간지 《라 크루아》에 발간된 최초의 호소안은 서명자가 잡지사로 직접 서명을 발송할 수 있도록 도와 주었다.

잡지나 정치·노조, 연합이나 클럽에 연결되어 있는 동원망은 서로가 교차하기도 했다. 올리비에 몽쟁과 조엘 로망은 동원자라기보다는 대변인, 나아가 단순한 조직위원의 한 사람으로 행동했다. 왜냐하면 미래의 서명자들이 자신들의 이름을 제공했기 때문이다. 이것은 또한 사회적 영역에서 경영연합의 지도자나 책임자들, 장기간 투쟁해 온 '소외된 사람'들에 대한 의료보험의 일반 적용과 '건강 지출의 의료비 공제'를 오랫동안 추진해 온 사람들의 조직망이기도 했다. 개혁안 명단에는 '국가적 또는 지방 정부 차원에서 범정부위원회'에 참여하는 '의료 제도에 대한 소수의 전문가 집단'으로 묘사되는 많은 위원이나 대리인들이 포함되었다.

조엘 로망은 1996년 봄의 인터뷰에서 서명의 중요성을 다음과 같이 강조했다.

"텍스트가 처음부터 지성인 텍스트는 아니었다. 우리가 그 텍스트를 만들기 시작했을 때에는 오히려 정치 성향이 짙었다. 따라서 우리에게 중요하게 여겨졌던 것은 호소안의 관점에서 의미가 떨어지는 사람들의 이름이었다. 따라서 우리는 일련의 모든 사회의 연합 구조와의 접촉을 시도했다. 예컨대 '사회중앙연합(Fédération des centres sociaux)'의 장 바스티드와 콜롱바니, '사립보건위생전국연합(UIOPOSS)'의 위그 펠테스, '에이즈퇴치운동연합(AIDES)'의 다니엘 드페르와 같은 사람들과 접촉이 이루어졌으며, 바로 이러한 사람들의 이름이 나에게는 순수하게 지성인의 이름이라고 말할 수 있는 사람들의 이름보다 더욱 중요하게 여겨졌다."

사회 행정을 책임지고 있는 몇몇 사람들, 예컨대 미셸 테리와 같은 사람 또한 중요한 역할을 수행했다. 우리는 《파르타주》지[28]의 출판 경영 사장이며 '실업자연맹과 실업자의 집'의 창시자이기도 한 모리스 파가의 서명을 통하여 《파르타주》지의 참여도 확인했다. 기독교적 투쟁주의 노선을 추구하는 이 출판사는 기독교 통합주의자들의 회합 장소이면서 동시에 폐쇄적 공간이었다. 이곳에서는 노동의 목적과 분배에 관한 모든 논쟁이 공존하는 장소였다. 이 출판사는 장관의 연설과 공식적인 보고서 요약 발췌문을 비롯하여, 여러 분석을 통하여 자신들의 저서나 기사 중에서 엄선한 '훌륭한 기사'를 출간하였다. 노동에 대한 논쟁에 참여하는 많은 토론자들은 이미 호소안에 동원되었던 것이나 다름없었다. 왜냐하면 이들은 이미 《파르타

---

28) 실업과 구직을 대변하는 월간 정보지로 프랑스어 'partage'란 이름은 '나눔, 분배'를 의미한다.〔역주〕

주》지의 '하계대학'(종교연합에서 도르도뉴 지방의 티비에르에 위치한 옛 수도원에서 개최했던)에 참여했었기 때문이다.

《에스프리》지의 책임자들은 '생-시몽재단'의 회원들과도 접촉했다. 이들의 발의는 조직 속에서 메아리 없이 남아 있었다. 이 조직은 1982년부터 서로 다른 학문 분야인 경제학·사회학·역사학·철학 등과 같은 지성인들과 '현대 사회의 가장 훌륭한 지성'에 이르기를 희망하는 정치·경제·행정의 책임자들을 규합했다. 이처럼 공산당과 '신좌파'와 같은 지성인 그룹, 전문가 또는 사장들(PDG)로 구성된 권위 있는 이 모임은 몇몇 '터부(금기 사항)'에서 마침내 자유로워지고자 하는 사고를 출현시켰다. 이 재단의 회원들은, 이들에 의하면 '과거의 자신들의 시대'에만 유용할 수 있었던 사고나 제도와 같은 방식인 '보수주의'에 대하여 과감하게 이의를 제기했다. 하지만 이러한 보수주의는 오늘날 '경제의 세계화' '사회적 동요'와 같은 상황에서 큰 효력을 발휘하지 못하고 있다. 생-시몽재단 회원들은 알랭 쥐페 법안 조항에서의 쥐페 자신이 이전에 공표했던 몇 가지 제안을 재확인했다. 재단 재무국장인 알랭 맹크[29]는 "다가올 10년간 완수해야 할 혁명"은 "국가의 후원을 받는 분야: 국가의 사회제도"의 개혁에서부터 제일 먼저 시작

---

29) 재정 감독관이었던(1977) 맹크는 1982년부터 여러 대기업에서 재정 경영을 담당했다. 기업에서의 그의 경영 능력은 불규칙했다. 그는 현재 자기 회사의 자문 역할을 하면서 1985년부터 《르 몽드》지 독자들의 사교단체를 운영하고 있다.

해야 한다고 언급하면서, 11월 28일자《르 피가로》지에서 쥐페 법안 대하여 "이 법안이야말로 어느 점에서 방금 제시한 혁명 중의 하나"에 속한다고 평가하고 있다. 이 법안은 '프랑스'가 결코 무시할 수도 없고 무시해서도 안 되는 어쩔 수 없는 현상인 '경제의 세계화'의 필요성을 법적으로 인정한 것으로 볼 수 있다. 이 법안은 건강 지출 억제 조치를 이행한 것이며, 그때까지 프랑스를 지배해 온 노사 경영과 사회보장제도 철학과의 어느 정도의 단절을 야기했다. 이 법안은 생—시몽재단이 고려하고 있었던 사회보장제도에 대한 전문가들의 지지를 얻었다. 기술적인 측면에서 볼 때, 비록 정부의 위기 대처 방안을 지적하기는 했지만(푸코는 독일의 경우를 모델로 취할 것을 수상에게 제안한 바 있다), 이 개혁안을 대부분 수용한 국립행정학교(**ENA**) 출신이며, 프랑스전력공사 행정사무감사원 출신인 장—밥티스트 드 푸코의 지지를 얻어냈다.

"이 주제에 관해 내가 진행해 온 작업은 건강 지출에 대한 억제의 부재가 장기적으로 볼 때 의료보험 체계를 위협하고, 고용 창출을 위한 사회 분담의 재분배를 방해할 것이라는 사실을 명백하게 보여 주었다."(1995년 12월 7일자《르 누벨 옵세르바퇴르》지)

지성적인 측면에서, 《신(新)사회 문제》의 저자이며, '생—시몽재단'의 사무국장이기도 한 피에르 로장발롱은 프랑스 사회

의 소외자를 양산하는 제도인 '고전적인 보험제도 철학'과의
단절을 인정했다. 왜냐하면 이 제도가 1940-50년대나 가능
했던 것처럼 "이 제도의 위험이 그때와 마찬가지로 불안정한
상태로 재배치되었다"(1995년 12월 11일자 《쉬드-웨스트》[30]지)
고 말한다. 좀더 부연 설명하자면 정부 계획안은 의료 체계 내
부에서 책임의 분담을 복원하면서, 건강보험에서 '소외된 사
람'을 위한 사회적 보증금을 약속하기라도 하는 것처럼 '생-
시몽재단'에서 통용되는 '위대한 진단'을 지지하는 몇몇 사람
들과 의견 일치를 보였던 것이다.

　언론에서 정부안을 합법화하면서, 프랑스식의 두뇌집단 회
원들은 이처럼 중산층(물론 이 중산층에는 소수의 부자와 소외
된 사람들은 포함되지 않는다)을 중심으로 하는 '프랑스 사회'
의 재건을 기원하고, 무엇보다도 프랑스를 새로운 상황에 적응
시키는 데 큰 제약이 되어왔으며, 시대에 뒤진 범주에 속하는
죄인 취급을 받고 있는 전통을 고수하고 있는 '사회 세력'의
약화를 주창하였다. 우리는 니콜 노타가 쥐페 법안을 지지하기
때문에 '생-시몽재단' 회원들에게는 일종의 '사회노조주의'
의 화신으로 여겨질 수 있다는 사실을 이해할 수 있다. 실제로

---

30) 보르도(Bordeaux) 지방의 일간지로(약 35만 부 발행) 렌(Rennes) 지방
의 일간지인 《웨스트-프랑스 Ouest-France》(약 80만 부 발행)와 더불어
중요한 지역 신문 중의 하나이다. 파리 지역 신문인 《르 몽드》(약 40만
부), 《리베라시옹》(12만 부)과 비교해 볼 때, 프랑스 지방 일간지의 위상
을 엿볼 수 있다.〔역주〕

이 회원들은 프랑스 노조가 '심오한' 개혁을 위하여 동참하는 것이 아니라, 오히려 '시대에 뒤진' 투쟁에 참여하고 있다면서 노조의 나약함을 안타까워했다. 구성원 대부분이 '사회당(PS)' '프랑스민주노동연맹'과 아주 가까운 사이인 좌파 지성인들에게 우파 정부를 지지하도록 해준 《에스프리》지의 책임자들에 의해 발기된 탄원의 서명은 장애가 되지 않았다. 좌파의 이러한 '금기 사항'의 위반은, 우리는 이것을 이해하게 될 것이지만 이 제도에 결과적으로 동질의 것이었다. 정치계의 분열은 생-시몽재단이 찬미하고 있던 '개혁'에 대하여 큰 영향력을 행사하지 못했다. 따라서 12월 3일 일요일 프랑스 국영 제2 TV의 '오늘의 초대 손님(Le jour du Seigneur)'이라는 프로그램에 출현한 자크 쥘리아르는 자신의 서명에 정당성을 부여하면서, "만약 개혁이 필요하다면 나는 개혁을 비준할 것이고, 이 개혁은 좌우 정부가 공동으로 기안해야 한다"라고 강조했다. 이와는 달리 피에르 로장발롱은 1995년 12월 7일 《렉스프레스》지와의 대담에서 '경영 행위에 대한 일반적이고 체계적인 비평'에 그치고 있는 야당 안에 반대하고 나섰다.

다른 조직망들, 예컨대 나중에 단체로 서명에 동참한 '교환과 계획(Échanges et Projets)' 같은 클럽은 한참이 지나서야 서명자 명단의 신원이 확인될 수 있을 것이다. 1974년 자크 들로르가 창설하여, 장 밥티스트 드 푸코가 이끌어 온 이 클럽은 사회기독교주의 이념을 표방하는 회사 사장, 고급공무원, 노조원들로 구성된 조직이다. 또한 예수회 잡지인 《프로제》, 《에

튀드》지와 같은 잡지에 연결되어 있던 조직망을 인정해야 한다. 마지막으로 《에스프리》지의 팀의 일원이기도 한 "이것은 어느 정도 자명한 일이다"라는 올리비에 몽쟁의 캐치프레이즈를 주창하는 사람들도 있었다.

열흘도 채 못 되어 총 1백66명이 서명에 참여했다. 이 서명자 명단은 1995년 12월 3일 토요일-4일 일요일자 《르 몽드》지에 실렸다. 이날부터 조직위 사람들은 구두로 서명하기로 약속했지만, 시간상 서명에 참여하지 못한 몇몇을 예외로 하고 새로운 서명자를 찾는 작업을 중지했다. 이와는 달리 많은 서명자들이 《에스프리》지에 자신들의 이름을 자발적으로 보내왔다. 따라서 《에스프리》지는 1996년 1-2월호에서 탄원의 새로운 해석본을 발간하기에 이르렀다. 서명자 명단과 직업이 여러 페이지에 달하는 삽입지로 이 잡지에 실렸다.

《에스프리》나 《르 데바》 같은 지성 잡지만이 개혁에 대한 중요한 해석을 싣거나('생-시몽재단' 이나 '기획위원회' 에 특별한 지위를 부여해야 한다), 배포하는 장소는 아니었다(이 배포의 기능에는 매스미디어 전체의 기능을 포함시켜야 한다). 하지만 《르 데바》(피에르 로장발롱이 1997년 4월 4-5일자 《레 제코》지에서 설명한 바처럼, 《코망테르》[31] 《에스프리》와 더불어 이 잡지

---

31) 1978년 레이몽 아롱에 의해 창간된 잡지로 프랑스에서 자유주의 서클을 확장시킴으로써, 자유 사상의 현대화(aggiornamento)에 공헌했다. 왜냐하면 피에르 로장발롱이 이 잡지의 창간부터 참여했기 때문이다.

는 '생-시몽재단'의 단평의 첫 뉴스를 서로 차지하려 한다)지는, 예컨대 '국가 신뢰도(l' État-providence)'의 문제뿐만 아니라 지성의 모습을 재정의하는 일에 관련된 지성의 장의 중심에서 새로-생산하고 형식화하며 배포하는 중심지였다.

피에르 노라(노라는 1976년 이후 갈리마르 출판사에서 '역사 서고(Bibliothèque des histoires)' 문집을 만든 후 이 출판사의 문학 편집장 중의 한 사람으로 활동했으며, 고등사회과학원(1976)에서 '젊은' 교육자로 학생을 지도하던 노라는 갈리마르 출판사의 후원을 받는다)가 1980년에 만든 《르 데바》는 우선 《코망테르》 《에스프리》《레 탕 모데른》과 같은 현존하는 지성 잡지와 비교해 보면 명확하게 정의된다. 하지만 학풍에서의 편집장의 위치는 《르 데바》를 인문과학에서 중요한 잡지로 평가되던 《레 자날》《사회과학 연구》와 비교하여 정의를 내리는 경향 또한 찾아볼 수 있다. '신세대' 잡지로 자처하면서, 이 잡지는 예술·문화·지성·정치 시사에 대한 기사를 출간하고 있는 주간지와의 경쟁의 속박을 통합하고, 이러한 시사 문제의 정의와 '토론'의 조직에 참여한다. 《르 데바》지는 동일한 맥락에서 '인문학'을 혁신시키며, '학자풍' 태도의 채택과 목차에 '저명인사 이름'(《르 데바》지에 기사를 싣지 않거나 《르 데바》지와 대담을 하지 않은 유명 지성인은 아주 드물다)을 게재함으로써 얻는 이익의 축적을 추구한다. 따라서 《르 데바》지는 "좌파를 재무장하는 것을 시도하고, 이와 동시에 일종의 지성적이지만 《레 탕 모데른》지가 조직하고자 했던 것과는 근본적으로 다른 선동을 실천에 옮기기" 위하여, '좌파의 이념적 실패'로 인식되고 지적되었던 문제를 법적으로 인정했다(1997년 이 잡지의 사장이 '프랑스-퀼튀르' 라디오 방송에서 이 문제를 언급한 것처럼). 하지만 《르 데바》지는 동일한 방향에서 지성인의 모습과 이들의 앙가주망의 면모를 하나씩 파괴하는 데 전념했다(장 폴 사르트르에서 미셸 푸코를 거쳐 오늘날 피에르 부르디외로 대표되는 프랑스의 지성과 그들의 참여). 따라서 피에르 노라는 '비참여를 캐치프레이즈로 하거나, 오히려 이 잡지를 참여는 하지만 '다른 방식으로' '제2단계의 정치 잡지' 즉 출판 책임은 노라와 편집장인 마르셀 고셰와 일을 분담하여 출판한다는 원칙을 설명했다. 고셰는 노라가 채용한 사람으로 1989년 고등사회과학원의 연구실장이 되었으며, 지성에 대한 반지성주의를 고수하는 인물이었다.

《르 데바》지의 수사학

사람들은 ('폭풍우에 빠진 국가의 신뢰도'라는) 사설과 ('개혁에 대한 논증. 개혁이 유익한 위기인가?'라는) 특집 기사의 전개 속에서 이 수사학 담론의 한 예시를 찾고 있다. 이 사설과 특집 기사는 1996년 봄에 발표되었으며(1996년 3-4월 《르 데바》지 89호), 어느 정도는 이 잡지의 '공식적인' 입장을 대변하며(고셰가 12월 20일 《르 피가로》지에 기고한 것처럼, 이 잡지의 경영진 대부분은 12월의 개혁에 직접 개입하지 않았다), 동시에 '상당한' 독자를 확보하고 있는 《에스프리》지에 비해 돌출된 입장을 주장한다. ('세상에 대한 이성적인 이해' '경제적 합리성'(이 두 사항은 정치·경제 지도자들이 항상 고심하는 문제이다)과 '고풍스런 요구 사항,' 대중들의 '욕망' 사이의 대립에 대한 또 다른 예제에 대해서는 1995년 12월 10일자 《일요 신문》에 기고한 폴 리쾨르의 대담을 참조할 것.)

우선 이 담론을 특징짓는 것은 바로 형식의 신중함, 절제된 논조, 말하자면 담화의 장중함에 있다. 즉 **"아마도 1995년 11-12월의 파업은 계속되는 소용돌이 국면으로의 진입을 알릴 것이다"; "각성은 상처받을 위험에 처해 있다"** 등등. 이러한 중용은 담론의 형식을 **'개혁안 초안,'** 즉 **'논증된 결산' '중요한 공개 질문**에 대한 쉬운 답안을 설정하는 **욕망**만을 갖고 있는 총체'가 처음부터 '사람들의 호응'을 **불러일으키기를 바라는** '우리들의' 개혁안 기획자들이라고 소개하기에 이르렀다.

명백한 절제가 배어 있는 이 담론의 지지자들을 위해서는 '마음속으로' 행동하기보다는 '이해하려고 **노력해야**' 하며, 독자들을(개혁안 원문 텍스트를 참조할 수 있도록) 부추기고자 하는 욕망 이외의 다른 욕망을 갖지 않는 학자적 대응이 필요하다.[32]

또한 이것은 '고통받을 위험이 있는' 프랑스 사회의 '각성'을 예고하는 기술 언어에 적합한 은유를 내포하고 있는 완곡어법을 능가하는 담론에 속한다. 이 담론은 '국가 신뢰도'가 처

---

32) 필자 강조.

해 있는 ‘폭풍우’의 존재를 묘사하고 있으며, 거친 항해중에 만날 수 있는 ‘계속되는 난기류’를 예고하고 있다. ‘변화의 교육법’의 필요성을 설교하고 있지만, ‘운동을 망치고 있는’ 유혹을 비난하고 있는 이 담론은 단지 ‘개혁’과 ‘시행해야 할’ ‘개정안’ ‘공개 질의나 논증된 결산과 같은 선택’만을 인정하며, ‘개혁안에 착수하거나’ ‘경보 벨’을 울리는 것에 대하여 언급할 뿐이다.

하지만 이 담론에서 문제가 되는 것은 바로 《르 데바》지의 서술적인 선행성이다. 즉 《르 데바》지는 ‘이미 출간된 분석’에서, ‘창간 이후부터’ ‘1980년대부터’ 그리고 문제의 기원에서부터 국가 신뢰도의 위기가 만들어 낸 제 문제를 제기했다고 주장한다. 예컨대 “1970년대부터 프랑스인들은 (…) 어려움에 대하여 이야기하는 소리를 듣는 것을 거부해 왔다.” 주의가 깊으면서도 빈틈없는 선각자의 태도를 견지하고 있는 《르 데바》지는 “이러한 문제에 대해 끊임없이 주의를 환기시켜 주었으며, 이 문제들이 요구하는 심층 분석에 대한 지면을 할애해 왔고, 그때부터 관점과 견해를 계속하여 배가시켜 왔다.”

이러한 방식에서 《르 데바》지는 《에스프리》지가 시행한 재발견과 차이가 난다. 《르 데바》지는 또한 이미 알려진 저자들(‘우리들’)이란 단어를 참조하면서 자신들의 입장을 표시한다. ‘카상드르 노선을 유지하고 있는’ 《르 데바》지는 어떤 점에서는 계속하여 ‘카상드르를 탐색하고, 그의 존재 이유’를 추구하고 있다고 볼 수 있다. 말하자면 카상드르가 전문가들과 공동으로 작업했던 큰 주제로 환원하기도 한다. 또한《르 데바》지는 인류의 목적에 관련된 '변론'에 도달하기 위해 건강제도에 대한 '훌륭한 해부'를 제안할 수 있고, 경제적 목적 추구에서 사회적 목적 추구의 정교한 단계로 넘어갈 수 있는 능력을 소유한 사람들의 노선을 추구한다. 그런데 이 변론은 '경제 위기의 주름 속에 감춰진' '미래의 위기'를 망각하지 않고 '우리 사회의 기능 그 자체에 새겨진 광기의 부분을' 드러나게 해준다.《르 데바》지가 '하나의 선집,' 물론 '발간된 (…) 기사를 모두 커버하는 것과는 거리가 먼' '선집'을 제안하기에 이르렀고, 또한 '사회 전이철학'을 구성하는 '사회 정의의 새로운 모습'으로 끝을 맺는 것은 당연한 일이다.

또한 이 담론은 과학의 수사학으로의 회귀에서 그 원칙을 추구한다. '조서가 작성되었거나' '진단,' 즉 '우리들의 건강 체계 시스템의 기능 장애나 곤경'에 대한 진단이 '명석한 시민들'과 '이 분야에 정통한 많은 전문가들'에 의해 이루어졌다. 이렇게 해서 이 문제에 대한 제반 사항이나 '데이터' 그 자체가 '우리들(nous)'이란 일반성을 의미하는 주어의 사용을 강요했다: "지금 우리는 개혁이 (…) 더 이상 피해 갈 수 없는 진실을 말해야 할 순간에 이르렀습니다." 이러한 수사학은 사람들에게 세상에 대하여 수행 가능한 관점, 즉 '피할 수 없는 순응'의 관점, '필요성'의 관점, '넉넉함'의 관점, '시행해야 할 개정의 긴급함'의 관점을 요구하도록 해주었다. 마치 이들 관점이 실현 가능한 유일한 관점인 것처럼.

따라서 일기예보나 의학과 같은 은유의 사용은——말하자면 대부분 예견이 불가능한 자연의 참조와 같은——이 담론의 한 특징을 이룬다. 위기는 '폭풍우' '난기류의 국면'으로 묘사되어 있다. 사교계, 특히 세상은 '대중적으로, 잠재적으로 어려움에 대해 말하는 소리를 듣기 거부한' 개인에 관계할 때는 무질서한 동요가 한바탕 지나간 유체(流體)이다. 이러한 불안은 환자의 불안이며, '위기'와 그 해결책은 '의학적'인 설명이 가능한 것이다. 예컨대 '고통' '발작' '진단' '해부' '설사 위기' '고통스러움으로 잠에서 깨어나기' 등은 이러한 사실을 특징짓는다.

'진실의 순간에 당도한 것은' 바로 보편성을 갖는 '우리들' 이란 주어이며, 이 '우리들'이란 주어의 사용은 독자의 관점을 기획자들의 관점과 동일시하는 것이다. 즉 개혁이 '우리들의 사회보장기구' '우리들의 건강제도' '우리들의 퇴직제도' '우리들의 사회민주주의'에 적용되어야만 하는 개혁에 관계되고 있다는 사실을 보여 주었다. 마찬가지로 '우리들'이란 주어는 현재 진행중인 논쟁에서 기획자들의 상대적인 위치를 표시한다. 이들은 대부분의 시간을 사회보장·건강제도·퇴직제도·사회민주주의에 할애하거나, 자신들의 고유한 관점을 확실한 목표가 있는 공정 증명으로('우리들의' 제도에 관계되지 않으면 '일부의' 건강 제도에 관계되는 것이다) 제시하려고 시도한다. 또한 이들은 허울뿐인 변론자들의 자격을 박탈시키면서, 자신들의 '선각자'들에 의해 '아주 잘못 변론되어 온' '일부의' 공공 서비스에 대하여 '허울 좋은' 변론을 펼치는 사람들과 대립한다.

　이러한 수사학적 작업은 물론 부정적인 모습을 보이기도 한다. 말하자면 '통치자'로서의 모습과 '여론'을 구성하는 자로서의 서로 상반된 모습을 보이기도 한다. 왜냐하면 수사학적 작업은 서로 하나가 되고자 하는 경향이 있는 '명석한 시민들'과 《르 데바》지의 인사들의 가치 부여에 참여하기 때문이다. 달리 말하면 《르 데바》지는 자아와 차별 사이의 논리를 연마하고 있다. 실제로 이 담론은 반(反)정치적 색조를 강하게 띤다. '명석한 시민'으로서 《르 데바》지 인사들은 프랑스 사회의 '통치자'와 '정치 책임자'에 대항하는 사람으로 정의된다(그의 책임자가 아닌 '우리들의' 책임자). 이 정치 책임자들은 무엇보다도 '곤경' '실패' '어려움' '불편함'에 결합되어 있으며, 이들은 '제 시간에 이와 같은 사항의 진단 책임에 실패한' 책임을 져야 하는 것이다. 이처럼 통치자들의 묘사는 '사건에 착수하는 것을 두려워하는' 의지가 없는 무능력자의 모습과 정치철학에 큰 대가를 치르는 폭군의 모습 사이에서 갈피를 못 잡고 있다.

　"개혁이라는 것이 오랫동안 연기되어 왔다"면서 우유부단하고 서툴며 '맹목적인 즉흥 연설'에 익숙한 이들은 무엇보다도 '사회'에 대하여 내뱉는 거짓말에 의해 특징지어진다. 즉 이들은 '출발부터 함구에 의한 거짓말(말을 하지 않음으로써 행하는)을 선택했으며' '자신들이 완벽하게 알고 있는 진실을 시민들에게 침묵하는' 것을 선택했다. 권력에서 폭군인 이들은 '두려움 때문에 운동에 서둘러 뛰어들었고,' '어쨌든 자신들이 실패에 이르게 된 어설픈 난폭함과 변화의 교육법 사이에서 더 이상의 선택을 하지 못한다.' 하지만 교육법은 '찾기가 쉽지 않다.' 바로 이것이 《르 데바》지의 중요성이다.

이처럼 《르 데바》지 인사이거나 이와 동가인 '명석한 시민'들은 '변화'의 축에 있지만, 변화는 협상이나 논쟁이나 투쟁, 요컨대 시작된 일을 알아보거나 이해하려는 욕망과 같은 사항에 해당되는 변화가 아니라 계량되어지고 '논증되고(이론적으로 규명되고)' 마침내 '정보' —— '이미 유포되기 시작된 정보' —— 와 교육법으로 검증된 변화이다. 아울러 '여론' '인구' '프랑스 사람들' ——한마디로 민족——하지만 이 단어는 너무 거칠고 '딱딱한' 단어이다. 말하자면 이성과는 달리 '다수로' '잠재적으로' 만 반응하는 사람들, 또 이 사람들의 '각성이 고통받거나 발작을 일으킬 위험이 있고,' 두려움이 '정화 위기'의 과정에서 '구경거리가 될 정도로' 표현되는 사람들은 현상에 방해가 되는 모든 조처에 관하여 '변호를 할 수 있는' 입장, 즉 보수주의 곁으로 이송된다. 아울러 이 사람들은 '두려움'(이 두려움은 물론 자신의 두려움에 관계되지만)이 '최소한 상대방의 두려움에 해당된다' 는 사실에 만족하면서 '적나라한 문제를 다루도록' 권고하는 사람들에 의해 보수주의란 창호를 부여받았다고 생각한다.

파업에 대한 호소를 위한 이름의 수집은 서로 다른 방식으로 이뤄졌다. 이름의 수집은 근원적으로 극좌파의 전투적 태도를 유지하는 일부 대학과 연구원의 책임하에 이뤄졌다. 이들은 직·간접적으로 탄원 발기인에 합류했다.

비록 최종 명단에서 더욱 전투적인 사람들과 혼합되었다고 하더라도, 이들은 더욱 발전된 학문적 지식을 소유하고 있다는 사실에서 서로가 구별된다. 파업 호소안에 대한 중계는 《에스프리》지의 인프라(또는 '생-시몽재단'의 인프라)와 비교할 만한 인프라를 소유하지 못했다. 파리 제20구에 위치하고 있는 '노조운동연구' 사무소가 일시적으로 이용됐지만, 그만큼 탄원안의 작업을 위한 일반 장소로 바뀌지는 않았다. 잠재적으로 서명한 사람의 이름과 연락처는——이들에게는 파업 기간중에 자신들의 일터에서 파업 장소로의 결집이 쉽지는 않았다——각자에게 나눠진 주소록에 기록되었다. 가장 많이 파업에 동원되었던 사람들 중에서 일부 서명자들은 몇몇 사람들을 만나기가 힘들었다고 토로하고 있으며, 전화로 텍스트를 읽어 주면서 보낸 시간(자신의 집에 팩스나 전자메일을 갖고 있는 사람들이 드물었다)과 이 기안에 대해 동료들을 설득하면서 보낸 시간에 대해서도 이야기한다(일부는 이 안에 대하여 매력을 느꼈지만, 또 일부는 망설였다). 이들은 이름의 수집을 위해 하루 종일을 이 일에 매달리기도 했다. 말하자면 때로는 이들에게 메시지를 남겨야 했으며, 집에 전화해 달라고 걸려온 전화에 응답해야 했고, 정기적으로 전화를 걸거나, 팩스를 보내

주거나, 새로 가입한 사람들의 명단이 모두 기입되어 있다는 사실을 알리기 위하여 서명자 명단을 팩스로 보내 주어야 했다. 왜냐하면 단 한 사람의 서명자를 놓치지 않기 위해서였다. 만약 이들이 몇몇 조직을 중계의 방법으로 이용했다면, 이것은 말할 나위 없이 장인 정신이 배어 있는 방법을 통해서이며, 이를 통해 이들은 자신들의 목적에 도달할 수 있었다.

발의자 중의 한 사람인 앙리 말레르는 물질적인 조직도 없고, 지성계가 정치적으로 분할된 상황에서 다음과 같이 이름의 수집이 이루어졌다고 언급하고 있다.

"우선 ……을 전해야 하는 엄청난 어려움에도 불구하고……왜냐하면 전달하는 것은 기술상의 문제였기 때문이다. 우리는 전화번호와 주소만을 갖고 있었다. 우리는 조직이 갖춰지지도 않았다. 파업이었기 때문에 아무것도 우리에게 도달되지 않았다. 우리는 처음에 '노조운동연구소'에서 호소문안을 정리했다. 케르고아는 노조운동연구에서 중요한 리더 중의 한 사람이었다. 이어서 우리는 팩스번호를 갖게 되었는데, 왜냐하면 카트린 레비가 우편대체예금계좌(CCP)를 갖고 있었지만 팩스가 없었기 때문이다. 나는 그 이름을 잊었지만…… 집으로 제한된 팩스번호를 갖게 되었다. 이렇게 팩스번호는 제한되고, 그것도 당시 휴가중이었던…… E 부인의 이름으로 되어 있었다. 이 부인의 아들은 '민주통일연대(SUD)'에 소속된 사람이었다. 이것은 '프랑스민주노동연맹' 좌파의 분열로 만들어진 연대이다.

우리는 이 집에서 팩스의 선을 뽑아 설치했다. 나는 가내수공업 차원에서 일이 진행되었기에 일이 정지되었다고 믿었다. 민주통일연대 사무실에서 멀리 떨어져 있기 않았기 때문에 우리에게 팩스를 보낼 수 있도록 도와 준 것은 바로 '민주통일연대' 사무소였다."

이름의 수집에 대한 논리를 귀납적으로 기술한다는 것은 부분적으로 서로 겹치는 다소간 객관화된 여러 망을 구별하는 일에 이른다. 왜냐하면 일부 조직망들은 전투적인 기질을 갖는 망이며, 반면에 또 다른 조직망은 정치적 유사성을 바탕으로 동원될 수 있는 좀더 직업적인 망이기 때문이다. 이러한 조직망들은 우선 자신의 그룹, 소수 집단, 잡지, 연합 등과 더불어 언론에서 소개된 '비평적 좌파의 성격을 띤 성운'의 조직망이었다. 이 망에는 앞에서 언급한 '공산당혁명연맹' '여성그룹' '민주통일연대' 이외에도, '노조운동연구' '현대화에 반대하는 시민연대(SPRAT)'와 같은 연합을 비롯하여 '거주권리' '실업퇴치국민행동'과 같은 급진적 연합이 포함되어 있다. 또한 이 조직망에는 《악튀엘 마르크스》《퓌튀르 앙테리외르》《폴리티스》와 같은 잡지나 낭테르대학의 정치·경제·사회철학연구소와 같은 대학연구소가 포함된다. 마찬가지로 이 탄원안에는 공산주의 지성인의 조직에서 분파된 조직망인 '마르크스연구소'('마르크스공간(Espace Marx)'으로 바뀜)나 《프랑스 사회》와 《출구》 같은 잡지가 포함된다. 이와 같은 여러 가지 조직은 사회과학·역사 분야에서, 특히 일부가 공산당원이기도 한 '공산주의를 신봉하는 지성인들'과 같은 교육자나 연구원을 다시 결집시켰다. 정치·사회·역사학 분야에서 젊은 연구원 및 대학 구성원들뿐만 아니라 일부 기자들을 결집시킨 '메를로 퐁티 정치·사회 명상클럽' 또한 이 동원에 참여했다. 이 회원 중의 일부는 시위 기간 동안 아주 적극적인 모습을 보여 줬다. 즉 가장 많은 서명자가 참여한 정치학 분야의 전투적인 젊은 연구자의 재결집을 본떠서(예컨대 《사회비평》지), 이들은 시위자나 파업자들에게 운동과 노동 조건에 대한 질문을 시도했다. 대학의 정치학 강사인 이 클럽 회장의 역할은 결정적이었다. 여러 과학 및 전투 서클에 소속되었으며(그는 사회당에서 시민 운동을 거쳐 녹색당원이 되었다), 정치학과 사회학 분야에서 주목을 받았고, 파리와 리옹 지역 사회를 동시에 커버하고 있던 필립 코르퀴프는 탄원 운동 확산에 크게 이바지한 인물이었다.

대학의 학과와 연구소로 구성된 전문적인 조직망이 마찬가지로 동원에 참여했다. 즉 파리8대학(생-드니)의 여러 학과, 리옹 2대학의 정치학과, 사회학과, 대학의 연구소(예컨대 '낭트대학노동자연구소(LERSCO)')나 지역 소재의 연구소가 이 동원에 개입하였다. '노동의 사회적·성적 분과연구그룹'과 '도시사회학연구소(CSU)'는 아주 분명하게 파업을 지지했다. '국립인구학연구소(INED)'에서 일하는 한 연구자는 연락을 취하여 팩스로 서명자 명단을 보내왔다. 연구소 내부에서의 동원은 동일한 행정 단위와 연구소의 역사에 따라 연구자의 재결집이 이뤄지는 그룹의 동질성과 원칙에 달려 있었다. 몇몇 예를 들자면, 우리는 얼마나 많은 연구소가 때론 아주 확실하게 때론 아주 무기력하게 동원망을 조직하는지를 헤아려 볼 수 있다. 오랫동안 피에르 부르디외가 이끌어 온 '문화·교육사회학연구소(CSEC)'의 많은 회원들이 파업 호소 서명자 대열에 참여했지만, 이 연구소가 동원망으로 기능하지는 않았다. 즉 호소안에 서명한 사람들은 서로가 연구소 외부의 중계에 의해 연락이 취해졌으며, 이들이 자기 동료들한테 정보를 직접 전달한 것이 아니었다. 서명하고자 했던 일부의 연구원들은 연락을 받지도 못했다. 이와는 달리 '도시사회학연구소'의 연구원들은 아주 일찍 연락을 받은 이 연구소의 회원들로부터 정보를 얻었다. 행정 직원과 박사급 연구원들은 연락을 받지 못했다. 정치적 유사성을 제외하더라도 대학 또한 동일한 역할을 했다. 특히 11월 25일 여성 시위에 이어 벌어진 예비 동원된 그룹 회원들은 파업 기간 동안에도 계속하여 연구소로 출근했고, 자신들의 세미나를 중단했으며, 마침내 시위에 참여했다. 서로 다른 많은 동원망을 통하여, 파업을 호소하는 조직위 사람들은 12월초 팩스로 《르 몽드》지에 보낸 1백62명의 서명자를 소집했다. 12월 15일 발간된 탄원서에는 5백 명 이상의 서명자 명단을 헤아리게 되었다. 또 다른 서명자들은 자발적으로 수표와 서명을 접수하던 카트린 레비에게로 몰려들었다.

4
헤아릴 수 있는 이름들

지성인 서명자 명단의 성공은 단지 규합된 이름의 숫자로만 판단되는 것이 아니라 서명의 질로 판단된다. 세상에 이름이 알려졌을 때에만 존재할 수 있는 지성계에서 서명자 명단에 자신의 이름을 싣는다는 것은, 지성인들에게 있어 자신의 이름에 연결된 모든 것을 함께 제공하는 것이다. 즉 작품이나 이전의 행위로부터 얻은 모든 권위와 명성을 부여한다는 것이다. 지성인 명단에는, 설사 아무것도 상기시키지 못하는 이름을 다시 집결시키고 있는 무명인의 탄원이 단지 이 탄원이 계산하고 있는 이름들의 계산을 통해서만 계산되더라도, 계산되는 이름을 헤아릴 수 있다. 따라서 효율성은 단지 저명한 사람들의 이름을 집합시키는 것이 아니라 자신들의 권위를 소송 변호로 이끌 수 있는 사람들의 이름을 결집시키는 데 있다. 하지만 모든 이름은 동일한 형태의 상징적 중요성을 갖지 않으며, 따라서 동일한 이유로 모든 이름이 '포함되지는 않는다.' 다른 이름들이 지성인의 가치, 즉 대중 문화에서 아주 유명해진 작품의 저자로 알려질 때, 일부 서명자들의 명성도는 어떤 점에서는 특별한 공간으로 제한된 지역에 한정되기도 한다(예컨대 과학 분야). 즉 상징적 중요성은 그만큼 상대적으로 자율적인 사회계에서 구체화된다. 이들이 '계산하고자' 하는 의향을 살펴보면, 물론 이들은 이 영역에 자신의 고유한 입장을 취하고 있지만, 서로 다른 탄원의 기획자들은 동일한 명성을 추구하지 않는다.

개혁 호소안에서 서명자 명단의 상징적 중요성을 집중시키고 있는 것은 다름 아닌 '생-시몽재단' 회원들이다. 이 재단의 회원들은 정치-관료주의 입장을 고수한다. 중요한 서명자 명단에는 이 재단의 사무총장이자 '고등사회과학원' 연구소장인 피에르 로장발롱, '프랑스경제정세관측소(OFCE)' 회장이자 국가보험그룹 행정가인 장 폴 피투시, 2000년 프랑스 맹크위원회 위원이었으며 국립행정학교 출신인 드니 올리벤과 니콜라 뒤푸르크가 포함되어 있다.

이 4명의 서명자가 아주 중요한 까닭은 탄원 기획자 중의 한 사람이 말했던 것처럼, 이들의 서명이 '(개혁이란) 기계를 작동시켰기' 때문이다.

"나는 재단에서 피투시·로장발롱과 함께 노동자 그룹에 서 있었고, 나는 이들의 지도하에서 《불평등의 새로운 시대》라는 전집의 간행을 준비하고 있었다. 나는 가장 멀리에서 작업에 협조하였으며, 이것이 전부이다. 우리는 이 일을 조금 진행시켰고, 나는 텍스트를 돌렸으며, 중요한 서명자들, 예컨대 피투시·로장발롱·올리벤·뒤푸르크와 같은 중요한 서명자들이 명단에 포함되었기 때문에 개혁이란 기계를 작동시킬 수 있었으며, 이렇게 해서 우리 모두가 기대했던 일이 마침내 시작되었던 것이다."

파업안 명단에는 이 거사의 상징적 중요성을 갖는 사람이 오르게 되었는데, 바로 피에르 부르디외가 그 주인공이다. 부르디외는 파업 기획자들이 전혀 기대하지 못했던 인물이지만, 바로 파업안 개혁의 기계를 작동시킨 중요한 사람이다. 부르디외의 권위는 상당한 의미를 갖게 되었고, 그 이후부터 탄원은 '부르디외 호소안'으로 불리게 되었다. '파업안에서의 상징적인 연료'로 칭송되고 있는 부르디외의 서명에의 참여는 다름 아닌 '고등 교육 및 연구심의의원회' 회원이며 '11인의 그룹' 회원이기도 한 카트린 레비의 중재를 통해서 이뤄졌다. 부르디외는 콜레주 드 프랑스 교수이며, 동시에 저명한 학술서의 저자이고, 1993년에 간행된 《세계의 비참》이란 책의 출간 이후 정신적 지주로 칭송되고 있었다. 더욱이 부르디외의 대외 활동에 대한 상대적인 꺼림은 서명자 명단에서 레옹 슈바르첸베르나 알베르 자카르와 같은 다른 '유명인사'와의 차별성을 부각시켰다(이 두 사람이 '표준법 (Droits devants)'[33]의 공동

---

33) 1993년 심장병 전문의이며 사회당 당원이기도 한 레옹 슈바르첸베르는 장기 매매가 살인 행위에 해당된다며, 장기 매매를 금지해야 한다는 보고서를 유럽의회에 제출했으며, 이 법안은 곧 통과되었다. [역주]

창시자라는 사실을 명심하라!). 이 두 사람들은 더 이상 자신들의 연구 영역(암 연구, 인간유전학)에서 중요한 대표자처럼 보인 것이 아니라, 이들이 수년 전에 언론에서 탄원을 통해 보여줬던 입장 표명은 오히려 '평범한 사람을 위대한 인물'로 보이게 했으며, 이러한 사실들은 이들의 서명의 중요도를 떨어뜨린 분명한 요인이었다.

서명

에콜 노르말(파리고등사범학교) 출신으로 철학교수 자격시험에 합격한 피에르 부르디외는 1970년대말까지 유럽사회연구소, 《사회과학 연구》(1975년 창간)를 비롯하여 미뉘 출판사에서 간행중이던 《상식》 전집 간행위원회에서 연구원으로만 일했다. 1960년대말과 1970년대초까지 공산당원(결코 당원이 아니었다)이나 좌파 그룹이었던 '동지(Compagnon de route)'의 회원도 아니었던 부르디외는 좌파에 참여하고 있던 그의 동료들이나 학생들에 의해 정치와는 무관한 사회학자로 인식되었다.[34] 하지만 그의 학자적 기도는 끊임없이 정치학에 연루되어 있으며, 예컨대 알제리에 대한 연구(알제리 해방 전쟁 동안의)[35]나 종종

---

34) 니콜라 카롱(Nicolas Caron)의 1996년 파리 팡테옹 2대학의 정치학 박사과정(DEA) 논문인 《사회 운동에 참여하는 한 사회학자 피에르 부르디외의 여정 *L'intinéraire d'un sociologue engagé: Pierre Bourdieu*》 참조 요망.

1960년대 대학생 운동에서 인용되곤 했던 학교 체계에 관한 저서인 《상속인들》에서 찾아볼 수 있다. 이 《상속인들》은 보수 지성인들과 이들의 해설가로 자인하던 기자들의 표적이 되었다.

1981년 '콜레주 드 프랑스(프랑스학술원)' 회원으로 선출되면서, 부르디외는 정치 분야에 더욱더 많이 개입하기에 이른다. 니콜라 카롱은 1981년 대통령 선거 당시 부르디외가 콜뤼쉬 후보를 지지하면서 공개적으로 자신이 그동안 해온 정당한 작업의 맥락에 포함되는 정치 영역의 기능에 관해 비평적 관점을 지지하는 한 방식과 더불어, 곧 자신이 회원이 되게 될 제도로부터 자신의 '독립'을 확인하는 방식을 동시에 취했다고 지적한 바 있다. 1981년 12월 폴란드 노조 솔리다르노스크(Solidarnosc)에 대한 지지가 결성되었을 때, 부르디외는 폴란드 혁명 정권의 '쿠데타'에 대항하는 탄원의 발기인으로 참여했다. 즉 미셸 푸코와 앙리 카르탕과 함께 부르디외는 가장 가까운 지성 자문 위원, 즉 자크 쥘리아르 · 피에르 로장발롱 · 알랭 투렌과 같은 지성인으로 구성된 '프랑스민주노동연맹' 책임자들과 회동하였다.[36] 1980년대에 부르디외는 '콜레주 드 프랑스' 교수들의

---

35) 《알제리에서의 노동과 노동자들 *Travail et travailleurs en Algérie*》과 이 기간 동안에 있었던 사건에 대한 압델말레크 사야드(Abdelmalek Sayad)의 하산 알푸이(Hassan Arfaoui)에서의 증언집인 '압델말레크 사야드(Abdelmalek Sayad)와의 대담' (1996년 《마르스 *Mars*》지 봄-여름 제6호, pp.7-56)을 참조 요망.

36) cf. 디디에 에리봉(Didier Éribon)의 《미셸 푸코 *Michel Foucault*》(파리, 플라마리옹, 1989).

단체 보고서인 '미래의 교육을 위하여'라는 편집에 참여했고, 지성인들의 '유럽 잡지' 《리베르》를 이끌었다. 또한 부르디외는 '알제리 지성인을 지지하는 국제위원회(CISIA)'의 창립을 비롯하여 '고등 교육 및 연구심의위원회'에도 참여했다. 이러한 작업은 틀림없이 '집단적인 지성인'의 지속적이고 일관성 있는 정치 영역에의 개입과 '참여 지성인'(사르트르)이나 '특수 지성인'(푸코)의 모습으로 각인된 한계를 극복하기에 충분하다.[37] 문학의 영역과 국가 영역에 관한 부르디외의 작업, 물론 이 작업들은 과학과 예술 세계의 '보편성'과 자율성에 이들의 사회적 승리 상태를 복원시켜 주고 있지만, 이 작업과 동시에 부르디외는 국경을 초월하는 '세계적인 동업조합주의'를 위한 투쟁을 위하여 예술가들과 학자들을 초대했다.

대부분의 그랑 제콜 출신들과 고위 공직자들에 헌사한 《국가의 귀족 계급》이란 책이 프랑스 대혁명 2백 주년 기념해인 1989년에 출간되었다. 프랑스 혁명은 공화국에 의해 인정된 귀족 형태의 지속을 보여 줌으로써 혁명의 공식적인 축하 연설과 정면으로 충돌하였다. 1993년초에 《세계의 비참》이 발간됐으며, 그 성공은 대중들의 커다란 호응을 얻었다. 이러한 사회적 불행과 고통에 관한 집단적 앙케트는 대중 계급의 '비참의 조건'과 70년대에 시작되어 사회당 정부에 의해 추진되어 온 사회 국가

---

37) Cf. 제라르 모제(Gérard Mauger)의 '사회학적 참여(L'engagement sociologique)'(1995년 8-9월 《비평 *Critique*》지 제579-580호, pp. 674-696).

(État social)의 사회보장제도하에서 퇴직하는 하급 공무원들의 '초라한 행정상의 신분'의 확대를 분명하게 보여 줬다. 따라서 국가의 '우파'와 '좌파'의 대립은 두 작품 사이에서 다음과 같은 관계를 설정해 준다. 즉 국가의 귀족 계급인 1등급 귀족이 양산해 온 '제 문제'에 직면하고 있는 보잘것없는 귀족에 대한 문제를 맨 먼저 거론하고 있다. 따라서 1995년 12월 투쟁 당시의 부르디외의 참여는 놀랄 만한 일이었다. 그만큼 이 참여 행위는 부르디외가 자신의 작품과 활동을 지성의 장으로 전개시키는 행위로 간주되었기 때문이다.

부르디외의 행위가 지도층 계급 회원 사이에서 야기한 파업의 규모와 반작용은 지도층 고유의 승부수에 대한 정치적-매스미디어적 영역의 폐쇄에 대한 사회학적 분석과 국가의 대귀족 계급의 소귀족에 대한 사회적 거만함과 자율적 지성인들의 참여의 필요성에 대한 분석을 동시에 보여 주는 것이다. 1995년 12월 12일 시위가 끝났을 때, 부르디외가 리옹역 회동에 개입한 것은 이러한 사실을 환기시켜 준다. 부르디외의 개입은 지도자들에게 특유한 것으로 인정되는 '이성'과 파업자들에게 전가되는 '비합리성' 사이의 정치-매스미디어적 대립에 대한 비난으로 이어졌다. '공공 서비스 존립에 관련된 문명의 파괴에 대항하여 투쟁하는 모든 사람들에게' 지성인들의 지지를 설명하러 왔던 부르디외는 시위를 주도한 사람들이 말해야 하는 것을 그들의 입장에서 표현하지 않고, 알랭 쥐페 법안에는 타인의 의견에 대하여 관대한 태도를 보이는 관용의 정신이 들어 있으며, 공공 부분에서의 봉급생활자들의 소위 '특권'을 고발하는 국가의 대귀족 계급의 구현이 포함되어 있노라고 설파했다. 부르디외는 '새로운 양자택일, 즉 자유주의냐 야만이냐를 거부하는 사람들'을 신(新)리바이어던의 심판, 즉 경제 시장을 강요하는 세계개발은행이나 국제통화기금과 같은 '전문가들'의 폭정과 비교하고 있다. 예언자적인 텍스트보다는 덜하지만, 부르디외의 개입은 '자신들이 대면하고 있는 현실과 사람들을 좀더 존중하는 지식'을 테크노크라트적인 비전과 대립시키면서, 테크노크라트적인 비전을 공격할 수 있는 유일한 사람들인 지성인들에 대한 호소였다.

저명인사들의 이름의 효과는 각자의 이름에 연관된 '지명도'의 첨가를 통하여 탄원의 '중요도'를 계산해서는 안 된다는 산술을 도입시켰다. 그 중요도는 그 이름을 평가하게 될 사람들, 특히 아주 다양한 논리적 해석에 따라 정치, 언론, 지적인 기준에 따라 사람들의 이름 가치를 측정하게 될 사람들인 기자들에게 달려 있는 것이다. 더욱이 이러한 이름들은 탄원 명단에 오르기만 함으로써 다른 사람들의 이름을 명단에 오르도록 유인하게 되며, 이들의 이름이 없으면 결코 다른 서명자 명단을 규합할 수 없기 때문이다. "이와 같이 일이 이루어지는 것은 참으로 우스운 일이다. 왜냐하면 일단 일부 사람들의 명단을 서명자 명단에 규합하는 일이 성사되면, 이어서 다른 사람들의 명단은 자동으로 이루어지기 때문이다"라고 서명 동원자 중의 한 사람이 갈파한다. 서명자 명단에 오른 사람들의 이름이 도착하면, 우리는 일부의 중요한 사람들이 서명자 명단에서 빠져 있음을 확인할 수 있다. 우리는 이러한 사실을 피에르 부르디외의 이름이 본 파업을 주도하고, 또한 부르디외 자신의 이익만을 추구할 것을 염려하여 일부 사회학자들이 서명을 거부했던 파업 호소안 명단에서 확인할 수 있다. 하지만 이것은 또한 부르디외의 서명이 빠졌을 경우에도 서명에 참여하게 될 사람들을 규합하게 해줄 수 있는 것이다. 왜냐하면 학문적으로나 지적으로나 부르디외와 가까운 사람들은 전투적인 사람들이 아니기 때문이다. 이렇게 해서 사회학 분야의 젊은 연구자들은 지성계에 자신을 참여시키는 기회를 갖게 된다. 부르디외의 서명은 철학자인 자크 데리다의 서명으로 이어졌다. 데리다는 발기인들의 눈으로 볼 때, 호소안의 중요한 서명자 중에서 서명을 주도한 사람으로 생각되지 않은 인물이었다. 이러한 서명 효과는 좀더 축소된 규모, 즉 연합의 책임자들이나, 《에스프리》지의 독자들이나, 대학 및 박사학위를 받은 지성인들과 같은 이름이 덜 알려진 사람들에게서도 동일한 기능을 했다. 데리다는 탄원에서 적극적인 모습을 보이지는 않았으며, 12월중에 어떤 다른 공적인 태도를 취하지 않았다. 데리다는 단지 자신의 이름을 제공하는 역할만을 했을 뿐이다. 하지만 그의 이름은 조직적으로 언론에 인용되었다. 반면에 탄원서 명단을 주도하고 이 일에 적극적으로 가담했던 다른 사람들의 이름은 결코 거명되지 않았거나, 뒤늦게서야 언론에 인용되기 시작했을 뿐이다.

  파업 호소안의 선도자들은, 이들이 없었더라면 탄원이 결코 기도되거나 결말에 이르지 못했을 것이지만, 탄원이 언론이나 정치계에서 반향을 일으킬 수 있도록 하기 위한 지적 권위나 필요한 학문적 권위를 갖지 못했다. 어떤 점에서 개혁 호소안의 기획자들의 경우도 대동소이했다. 이들은 자신들이 만들지 않는 지식을 끊임없이 전파하고, 자신들이 실제로 소속되어 있지도 않은 그룹의 대변자 역할을 자처하는 중개자들이다. 또한 이들은 단지 생-시몽재단이나 대학·연합에서 유래하는 서명이나 《에스프리》와 같은 잡지의 이름에 오른 자신들의 탄원의 합법성만을 내세울 수 있는 사람들이다.

  12월의 두 개의 중요한 서명자 명단은 그 비율에서나 형태의 다양성에서 지성인들의 탄원의 성공에 필요한 다양한 종류의 자금이 모아지도록 했다. 그 자금 중에서 경영과 언론에의 광고 비용의 지출이 가장 컸다. 파업 호소 경영 비용은 동원된 사람들의 돈으로 일부가 충당되며, 광고 비용은 미리 모금한 돈에서 지출되었다. 개혁 호소는 《에스프리》지의 인프라의 혜택을 보았으며, 《에스프리》지는 서명자 명단의 출간 기금을 도왔다. 나머지 기금은 서명자 개개인들이 십시일반으로 모았다.

  탄원의 상징적 중요성의 탐색에서, 두 개의 서명을 기획한 사람들이 아주 드물게 서로 경쟁하기도 했다. 이것은 지성인 세계의 중심에 강한 분열이 이미 존재했고, 실질적으로 서명자를 구별해 주는 두 개의 총체를 구분해 주는 것이다. 양 진영을 모두 커버하고 있는 몇 안 되는 사람들 중의 한 사람인 로베르 카스텔은 몇몇 사람들(프랑수아 뒤베, 특히 피에르 비달 나케)과 함께 아주 특별히 흥미로운 예외에 속하는 사람이다. 이 사람의 이름은 위기(사회보장, 건강, 불안정, 소외 등등에 의한)에 의해 제기된 사회 문제가 일어날 때마다 거명됐으며, 지금까지 카스텔은 많은 탄원에 적극 참여했다. 사회학자인 기 아즈나르의 자문의원이자 사회학자인 모리스 파가, 국립과학연구소 연구원인 장 루이 라빌, 세르주 포감, 기 루스탕의 서명을 이미 확보한 개혁 호소를 기획하는 사람들은 카스텔과 접촉하려고 생각했다. 카스텔은 《프로제》지, 《에스프리》지, 《르 데바》지에 위에서 거명한 사람들이 옹호했던 탄원과 아주 유사한 입장을 표현했다. 하지만 그의 작업은 여러 ‘비평가들,’ 즉 푸코·부르디외·고프만을 비롯하여 들뢰즈의 강한 영향을 받았다. 모든 것은 마치 개혁 기획자들이 로베르 카스텔에게 문의하는 것처럼 이뤄졌고, 반면에 다른 탄원을 기획하는 사람들은 카스텔이 속하지 않은 곳에 선을 대려고 했다. 탄원 기획자들에 의해 수소문된 이름 중에서 일부는 선망되었지만, 또 다른 일부는 선호된 이름이 아니었다. 이렇게 해서 첫번째 회합 당시 ‘11인의 그룹’의 일원이면서 ‘좌파사회당’ 당원이었던 아를렘 데지르의 명단이 개혁 호소안에서 배제되었다.

　최종으로 신문에 보도된 바 그대로의 탄원은(《르 몽드》지의 독립된 광고지 한 장을 통하여) 다양한 힘과 수단을 사용할 수 있는 다양한 서명자들 사이에서 만들어진 투쟁의 산물이었다.

만약 상징적 중요성이 일의 방향을 변경하기 위해 한낮에 행동하도록 해준다면, 다른 형태의 중요성을 소지한 사람들은 오히려 그늘에서 행동하는 쪽으로 기울 것이다. 일부 서명자들은 서명의 중압감으로 인해 텍스트를 다시 쓰기도 했으며, 무엇보다도 본래의 의미에 유념한다. 말하자면 상징적 중요성과 관련이 있는 이름들의 등장은 텍스트 다시 쓰기를 수반하거나 최소한의 수정을 동반했다.

따라서 《에스프리》지의 2명의 편집장들은 개혁 호소문의 퇴고와 다시 쓰기 작업을 언급하였다. 이 작업은 '생-시몽재단'의 요구를 수용하는 대상이 되었다.

"초고가 있었다. 우리는 초고에 대해 올리비에 몽쟁과 약간의 토론을 했다. 그리고…… 나는 어느 금요일에 교정 작업을 했으며, 몽쟁은 주말 동안에 '생-시몽재단'의 소그룹과 회합을 했다. 이렇게 해서 이 기간 동안에 텍스트의 수정이 이뤄졌다. 마지막으로 20여 명의 초기 서명자들이 텍스트를 약간 다시 손질하게 되었다." "이것이 처음에는 약간의 광기의 동요를 일으키기도 했으나, 문제의 핵심에서 재검토되어 만들어진 최초의 재탕 텍스트였다. 왜냐하면 로장발롱과 같이 사회보장제도를 꿰뚫고 있는 사람들에 의해 이 제도의 문제에 대한 허튼소리가 나올 필요가 없었기 때문이다. 이렇게 해서 우리는 우리가 출간한 텍스트를 다시 갖게 되었고, 사람들이 서명한 텍스트는 바로 이렇게 만들어진 텍스트이다."

이 개혁 호소 최종안 텍스트는 3부로 구성되었다. 서문 첫 구절에서 서명자들은 니콜 노타의 목소리를 통하여 '총수입으로 재정이 충당되는 건강-보험 일반 제도의 정착'을 준비하는 계획안을 지지하는 프랑스민주노동연맹의 '용기와 정신의 독립'을 강조했다.

둘째 구절에서는 좀더 기술적인 문제인 사회보장제도의 재정의 과세, 즉 '병원비 지출'과 사회보장 예산의 입법화를 언급하고 있다. 이렇게 해서 서명자들은 쥐페 법안으로 발의된 건강-보험 개혁안에 찬성표를 던졌다. 마지막 구절은 개혁안에서 '의심이 제기되는 면면'(가족수당의 과세, 일부 퇴직제도의 개혁과 같은)에 대해 언급하고 있다. 요컨대 텍스트는 알랭 쥐페 법안이 제시되면서부터 니콜 노타가 제안했던 것을 다음과 같이 재구성한 것이다. 말하자면 개혁은 프랑스 사회보장제도 체계를 지키기 위한 필연적인 것으로 제시되었다. 부언하자면, 개혁안은 정부의 마케팅처럼 당장에 그 어떤 조처를 취하는 것이 아닌 건강-보험의 확대에 집중하고 있다. 즉 텍스트는 국유화와 입법화가 감추고 있는 이전의 사유화의 위험(예컨대 '노동자의 힘(FO)'에 의해 제기되었던)에 대한 그 어떤 언급도 하지 않으며——만약 텍스트가 이러한 위험 요소를 언급한다면, 이것은 계획안이 좌파 옹호자들에 의해 사유화 이전의 마지막 개혁 기회로 정확하게 제시되었기 때문이다

──마찬가지로 봉급생활자들에게 부과되는 재정 문제를 비난하지도 않고 있다.

파업 호소 텍스트는 또 다른 성질의 다시 쓰기의 대상이었다. '11인의 그룹'에 의해 교정된 텍스트를 받고 난 부르디외는 당시 파리에 없었다. 그리고 개정안은 부르디외에 의해 다시 수정되었다. 부르디외는 텍스트를 약 4분의 1로 줄였으며, 원칙적으로 원안에서 내세운 '보편적인 이해 관계'를 대체하는 '공화국의 보편적인 경험'에 대한 참조를 첨가했다. '사회운동'의 대변인 역할을 하는 동원 및 연합의 수사학은 흐려지고, 정치 정세에 즉각적으로 연결되는 암시나 요구(이용자를 동원하기 위한 공화국연합의 기도, 정부안의 취소)는 삭제됐다.

텍스트는 파업자들에게 재정적·실질적 지지뿐만 아니라, "(이 운동이) 참여하고 있는 우리 사회의 미래에 관한 근본적인 명상"에 호소하고 있다. 부르디외가 수정한 텍스트는 원안을 작성했던 사람들에 의해 수용되었다. (호소문) 원안의 작성에 참여했던 이들 가운데 한 사람에 의하면, '쥐페 법안의 폐지'에 대한 참조 부분의 삭제는 다음과 같은 문제를 제기한다고 주장했다. "좋아, 그것은 우리를 거북하게 한다. 그것은 또한 법안이 근본적인 것이라고 생각했던 좌파 사회주의자들을 거북하게 한다."

메를로퐁티클럽 회장인 필립 코르퀴프는 사람들의 이름 가입을 새로운 방향으로 유도하고, 자신의 눈에는 파업 옹호 대의를 더럽힐 위험이 있는 '마르크스 신봉주의'와 '비평적 좌파’라는 의미를 완화하기 위해 파업 호소 공보실과 관계를 맺었다. 그는 ‘새로운 사회학’ 대표자들을 규합할 의도를 갖고 있었으며, 이 새로운 사회학에 1백28페이지를 할애하였다. 파업자들에 대한 지지를 호소하는 이 동원에서 자신의 클럽을 위해 생기를 불어 주는 사상과 야망을 다시 찾은 코르퀴프는 다음과 같이 설명하고 있다.

“나는 이 운동이 확대되는 일에 참여했다. 나는 이것이 이 운동을 지지하는 마르크스주의 성향의 운동, 즉 모든 비평적 좌파로 불리는 조직을 지지하는 지성인들에게만 해당되는 일이 아닌가 하는 염려를 해왔다. 따라서 나는 이 운동이 정치적 성향의 분류에서 알려져 있지 않는 현대의 지성인들에게 확대되기를 바란다. 아울러 나는 좌파적·반자유주의적 관점 주위로 모여들 수 있지만, 단지 정치적 문제로 평소에 파업 동원에 참여하지 않는 지성인들을 사로잡을 수 있는 관심 영역을 만들어야 한다고 생각한다. 나로서는 바로 이것 때문에 볼탄스키·테브노·데로지에르·드 싱글리·알랭 족스가 서명에 참여하는 것이 중요하다고 생각한다. 또한 비달 나케·칼롱·알타브·뒤베도 서명에 참여했다. 뒤베는 《에스프리》지의 탄원에 서명한 바 있다. 또한 《에스프리》지 탄원에 서명한 행위에 대하여 거북하게 생각하는 사람들도 다수 있었다.”

탄원 개시 후 약 1주일이 지나자 초기의 법안 기획자들과 집회 동원 중개자들 또는 단순 서명자들 사이의 긴장감 및 박탈감과 문서를 작성한 사람들의 감정 사이의 긴장이 '거주 권리'의 행동 장소인 '드라공' 가에서 있었던 서명자들의 총집회에서 표출되었다. 말하자면 두 개의 의문이 제기되었다. 첫번째 의문은 운동의 대표에 관련된 것이었다. 즉 발기인 그룹은 무엇을 대표하는가? 또다시 대표자들을 지명해야 하는가? 어떤 원칙을 따라야 하는가? 두번째 의문은 거둬들인 자금의 사용에 관한 것이었다. 이 두 가지 경우에서 두 개의 축이 분명하게 구별되었다. 좀더 '전투적인' 발기인 그룹은 모임을 조직했다. 전체 모임의 기법과 단절한 이 그룹은 한편으로는 대표자 지명을 통제하였고, 반면에 오히려 사회학자, 정치학 연구자들로 구성된 다른 축에서는 여러 가지 항의를 통하여 이러한 대표자 지명의 방향을 바꾸기에 이르렀다. 거둬들인 기금에 대해 발기인들은 사람들이 파업자들에게 재정 지원을 해야 한다는 것이었고, 동원 중개자들은 《르 몽드》지에 이 탄원을 공개적으로 실어야 하는 일이 급선무라고 주장하면서 신문의 공식 성명에만 한정해서는 안 된다고 주장했다. 이들이 동원된 것은 물질적인 것뿐만 아니라 인적으로, 집단적으로 파업자들에게 자신들의 상징적인 지지를 보여 주기 위함이었다. 이러한 텍스트 출간의 취소는 '11인의 그룹'에게 계획에 대한 통제를 다시 취하도록 해줬다. 이름에 덧붙여진 (전문적인) 명칭, 출간뿐만 아니라 저작권에 대해서 토론이 이뤄졌다.

이러한 대결 속에서 발기인 그룹은 자기들 소유로 된 서명을 소유하게 되었다. 이름을 파악하고, 이것을 디스켓에 담은 사람은 다름 아닌 '시민운동(MDC)'의 투사이면서 동시에 정치학 박사인 디디에 레쉬였다. 다른 사람들은 가장 위대한 지성인 중의 한 사람인 부르디외와 함께 중개 그룹 중의 한 그룹에 가담했다. 이 중개 그룹은 그 당시 리옹역 집회에 개입하기 위해 '11인의 그룹'에 의해 후원받고 있었다(마치 이 그룹이 1996년초 '사회 운동의 삼부회'로 통하게 되는 것처럼). 이들은 또한 《르 몽드》지와 특권적으로 접촉하고 있었다. 마침내 '통일노조연합'은 《르 몽드》지에 텍스트 출간에 필요한 5만 프랑을 출자하게 될 것이고('중등교육노조(SNES)' 사무총장이자 '통일노조연합' 회원이기도 한 모니크 뷔에야는 탄원안에 서명했다), 서명자 이름의 이니셜만이 표기될 것이다. 모금된 기금은 철도종사원조합연합 노조원뿐만 아니라 일반 노조원에게 재정 지원을 가능하게 해줄 것이다.

5
기자들, 보이지 않는 서명자

탄원 기획자들은 탄원의 공론화를 위해서 신문의 공식 성명을 배포해야만 했다. 《르 몽드》지는 두 개의 탄원안, 즉 개혁 탄원과 파업 탄원안에서 언론의 대중 홍보를 위한 중요한 기관이었다. 이렇게 해서 개혁 호소에 관련된 팩스가 '사회보장제도'에 관계된 질문을 취재하던 《르 몽드》지 기자들에게 전달되었다. 《르 몽드》지 기자는 사회보장제도에 대한 특집 기사를 작성했으며, 서명자 명단의 일부의 신원을 밝혔다. 파업 호소 기획자들 또한 며칠 후에 동일한 절차를 밟았다. 이들은 편집국장에게 팩스를 보냈다. 첫 기사가 12월 4일자 《르 몽드》지 제1면에 실렸다. 탄원서와 '핵심 멤버'로 불리는 서명자 명단, 발의에 대한 해설이 이 기사에 첨부되었다. 탄원의 존재가 공론화되었을 때, 탄원 기획자들과 서명자들은 영화인들이 '애프터서비스'라고 부르는 일과 견줄 만한 일을 확고히 했다. 신문기자들에게는 돌발적인 인터뷰 요구에 대답하기 위해, 이들이 요구하는 지시 사항이나 상세한 데이터를 제공했고, 새로 접수한 서명자 명단을 정기적으로 알려 줘야 했으며, 때로는 기자들에게 '무엇을 강조해야 하는지'를 환시시켜 줘야 했다. 이렇게 해서 개혁 호소안 기획자 중의 한 사람이 12월 5일자 《르 몽드》지에 팩스를 보냈다. 그는 이 팩스에서 "탄원 호소 텍스트의 발간 이후 서명자들이 구름처럼 몰려들었다"고 설명하면서, 탄원에 대한 명확한 설명을 덧붙였다. 아울러 파업 호소안과 경쟁 관계에 있던 좌파 지성인들의 탄원으로 인해 호소문을 소개하는 언론의 경향에 대해, "이 탄원 호소문 텍스트는 지성인의 표명이 아니며, 무엇보다도 사회보장제도가 개인보험 체계로 전환되는 것을 반대함을 목적으로 한다"고 강조했다.

일반적으로 탄원 기획자들은 기자들이 탄원에 주는 대표성의 문제에 무게를 두려고 한다. 따라서 개혁 호소안 기획자들은 자신들이 수집한 서명이 '좌파, 지성인, 전문가, 소외 문제에 대항하여 투쟁하는 시민연합의 책임자와 같은 투사들'의 서명이라는 사실을 강조했다. 파업 호소안 기획자들은 기자들에게 다양한 정치인 집단과 대학 구성원을 결집하고 있는 복수 명단의 이미지를 부각시키려고 했다. 기획자들 중의 한 사람은 《르 몽드》지에 17명의 서명자 명단을 선별한 리스트를 제공했다. 말하자면 탄원자의 다양한 감성 사이의 배합으로 생각할 수 있는 미니-리스트인 셈이었다.

탄원의 성공 여부는 탄원이 기자들 주변에서 조우하는 메아리에 아주 강하게 종속된다.[38] 개혁안과 파업안 서명자 명단의 성공은 매스미디어를 통해 충분히 홍보되지 않아 명백하게 실패했던 또 다른 개입과 대조를 이룬다.

《르 몽드》지에 실렸던 기사와 프랑스 제2방송(A2) 밤 8시 뉴스의 혜택을 톡톡히 본 개혁 호소안은 단지 '프랑스통신사(AFP)'의 공식 성명의 대상이 되었거나, 《레 제코》지를 통해 신속하게 공표되거나 《뤼마니테》처럼 정치색을 띠는 일간지에 공표된 바 있는 파업 탄원안과 이처럼 대립했다. 언론의 각광을 그다지 받지 않은 명단 중에는 경제학자들에 의해 주도된 '사회보장기금 개혁을 위한 호소안'도 이에 포함된다. 공산당 당원 경제학자들에 의해 주도된 정부 개혁안에 반대하는 유일한 계획안이었던(즉 이들은 가계 공제액을 기업이나 은행의 재정 수입으로 충당하는 것을 제안한다) 이 탄원안은 공산당에 가입한 많은 대학인들과 의사들의 서명을 받아냈다. 12월 첫째 주 《뤼마니테》지에 특별 기사를 게재하여 《뤼마니테》지를 통하여 공론화된 이 탄원안은 다른 언론 방송에서는 파업 호소안으로 인하여 흐지부지되었다(《르 몽드》지는 이 사실을 뒤늦게 게재했을 뿐이며, 두 개의 다른 명단으로 인해 변방으로 밀려났다). 원조와 형제애 정신이 국가의 파업자들의 이해 쪽으로 발전하도록 하기 위해 완전히 자율적으로 일을 처리해 나간다는 목표에서 만들어진 '파업자들을 지지하는 국가위원

---

38) 샹파뉴(P. Champagne)의 《여론 만들기. 정치의 새로운 놀이 *Faire l'opinion. Le nouveau jeu politique*》, 파리, 미뉘, 1991 참조 요망.

회’ 또한 아주 유사한 운명을 맛보았다. 이 위원회는 파업 호소안과 동일한 시기에 구성됐다. 또한 원칙적으로 이 위원회는 대중과 매스미디어에 잘 알려진 예술가들로 이뤄졌다(영화배우인 아네몬·장 피에르 바크리·프랑시스 라란·마리나 블라디……). 하지만 레지스 드브레·질 페로·사미 네르·레옹 슈바르첸베르(이들 모두는 파업 호소안을 동시에 지지하고 있었다) 등도 이 위원회에 서명했다.

호소문에 대해서 언급하는 기자들은(말하자면 원칙적으로 가장 ‘문화적인’ 일간지 및 주간지 기자들) 일종의 보이지 않는 서명자에 속한다. 이들은 단체로 탄원의 위상에 영향력을 행사하고, 또 어떤 점에서는 일부 호소문 서명자들의 의도와 부합하지 않는 방향으로 호소문을 재정의하는 사람들이다. 개혁 호소안 서명자들은 《르 몽드》지가 광고지의 삽입을 지연시킴으로써 탄원을 변질시켰다고 평가할 것이다. 무엇보다도 이러한 지연은 일간지의 광고 비용의 책임으로 전가할 수 있지만(실제로 다른 요일에 비해 토요일이 광고 비용이 싸다), 실제로 기획자들은 값이 가장 싼 광고를 찾고 있었고, 파업이 시작된 1주일 후에 호소문이 마침내 출간되었다는 사실에서 파업자들에게 호소문이 모순으로 비쳐질 위험이 있었다. 더욱이 탄원서 출간의 결정은 편집국 고유의 권한이었다. 탄원을 설명하거나 ‘사건화’ 하거나, 침묵으로 일관하거나 광고지 형식으로만 받아들이는 것은 모두 편집국 소관이기 때문이다.

기자들은 자신들의 해설이나 기사 제목에서 자신들이 탄원서에 보여 준 정치 성향을 판단하도록 한다. 따라서 개혁안 호소문의 경우, 개혁안 명단이 지성인 전체를 대표하는 것으로 통할 수 있다는 생각에 분개한 나머지 서명에 참가하지 않았던 일부 사람들이 보여 줬던 것처럼 '지성인' '전문가' '연합 투사들'의 탄원에 대해 말하는 것은 이론의 여지없이 하나의 내기에 속한다. 기자들이 항상 이 내기의 중요성을 계량하고 있는 것은 아니다. 즉 《르 몽드》지에서는 탄원을 '좌파 전문가들'에서 나온 결과물로 소개했으며, 《레 제코》지는 '지성인들에 의해 인정받지 못한 사회당의 위치'라는 제목을 달았다(강조하고 있는 것은 필자들이다). 마찬가지로 언론 방송들은 두 탄원이 서로 대항하여 전쟁을 치르고 있는 중이라는 개념을 알리는 데 크게 공헌했다. 12월 중순 이후 주간지들은 '두 서명자 명단의 전쟁' 또는 '지성인들의 전쟁'이라는 기사를 일제히 실었다. 전쟁이라는 은유가 얼마나 개략적인지를 보여주기 위해, 비록 이들이 실제로 명단에 서명하지 않았을지라도 일부 지성인들이 다른 호소 탄원 명단에도 마찬가지로 서명할 수 있었다는 사실을 인정하고 있음을 환기시켰다. 한쪽에서는 파업자들을 지지하면서 쥐페 법안 일부를 인준하였고, 또 다른 한쪽에서는 개혁안 호소문의 서명자들이 파업안 서명자들에게 애써 적대적인 감정을 갖지 않았다.

더욱이 우리는 '다른 사람들과 대항하는 것이 아닌' '다른 사람들과 시민'이 되는 일에 관심을 갖고 있는 《에스프리》지 책임자들의 어려움을 쉽사리 예상할 수 있다. 이들은 전쟁을

치를 욕망이나 수단도 갖지 못한 상태에서 갑자기 전쟁에 참여하게 된 것이다. 올리비에 몽쟁은 다음과 같이 자신의 심경을 토로한다.

"개인적으로 나 자신을 언짢게 하는 것은 사회보장제도에 관한 기본 토론을 그 어떤 방향과 이해를 갖고 있지 않은 지성인들의 전쟁으로 유도하도록 하는 게으름과 서투름이다——이 사실은 내가 《에스프리》지 1월호에 기고한 바 있다. 우리들은 지성인의 자격으로서가 아니라, 우리에게 도달한 이러한 문제를 염려하는 시민의 자격으로서의 우리들이다. 우리가 사르트르학파에 속하는지 아닌지를 알아보는 문제는 우리에게는 전적으로 부차적인 문제에 속한다. (…) 불행하게도 바로 이런 식으로 이 문제는 지성인들의 문제가 되었을 때 실제로 싸우기를 좋아하는 매스미디어를 통해 전파되었다. 게다가 이것은 위험한 일도 아니다. (…) 매스미디어 토론의 위험은 우리에게 의미도 없는 싸움과 전쟁 속에서 일어났다. 따라서 이것은 관리하기가 약간은 힘들다."

'전쟁'이란 주제는 틀림없이 서명자 그룹에서 이 주제와 관련되어 있는 일부 지성인만을 부추기는 조항을 보편화하기에 이르렀다. 이것이 보편성을 띠려면, 마찬가지로 그 구조가 효율적이어야 한다. 왜냐하면 지성인들은 무엇이 자신들을 다른 호소문의 서명자들과 대적시키고 있는지를 말하도록 기자들에 의해 간청받았으며, 반지성주의 없이는 어울리지 않으며, 교훈을 제공하지만 단일 입장으로 합의할 능력이 없는 잘난 체하는 '사상가' 그룹의 이미지가 언론에 유포되었기 때문이다.

게다가 기자들은 서명자 명단의 존재를 알릴 때, 서명자 명단 기획자들이 완전하게 통제하지 못한 명단을 가지고 자신들의 두 눈에 가장 중요하게 여겨지는 이름을 선택하는 절차를 따른다. 언론은 공산당혁명연맹(cf. 부록 p.45) 중앙위원회 보고서의 첫 문장이 이를 증명하고 있는 것처럼, 예컨대 파업 호소안 '발기인들'의 핵심 그룹 소속을 내기로 취급하면서 탄원의 기원에 대하여 다양한 해설을 덧붙였다. 기자들은 탄원의 자격을 '11인의 그룹'에 속하지 않은 서명자들에 부여했다. 더욱이 우리는 그룹의 일부 회원들이 《뤼마니테》지에 첫번째 발기인 명단을 게재할 때까지 언론에서 정확한 서명자 명단을 찾아볼 수 없었다(물론 일부는 서명자에 포함된 사람이 아니었다). 명단이 성공할 경우, '기회주의자들이' 자신들의 이익을 위해 탄원을 '되찾으려고' 노력하는 것과 조금은 유사하게, 기자들은 자신들의 의지와는 상관없이 상징적으로 발기인들을 탄원자 명단에서 삭제하는 위협을 가할 수 있었다.

기자들이 공개적으로 자신들의 입장을 표명했을 때, 지성인들은 예컨대 자신들이 소속되어 있는 기관이나 대학을 통해 '식견이 있고' '믿을 만한' 의견을 표명한 것으로 간주했다. 이런 이유로 지성인들은 정치 미디어 세계의 총체로서 일상적인 저널의 질서가 혼돈된 상황에서 기자들에게 특별히 흥미로운 교섭 상대가 되었다. 쥐페 법안의 소개를 비롯하여, 대학생들과 파업자들의 시위는 매스미디어 세계에서는 하나의 큰 사건이었다. 신문은 이 시위와 일체가 되었고, 밤 8시 TV 뉴스는 일정 시간을 이 사건에 할애했으며, 특별 방송이 긴급하게 편성되었다. 이러한 상황의 형태적 모순은 비록 많은 언론 방송에서의 편집이 이 사건의 중요성을 인정하고 있더라도, 기자들이 이 사건을 해설하기 위해 필요한 소재나 권위를 항상 갖고 있지 않았다는 사실을 보여 준다. 따라서 기자들은 사건의 행위자, 전문가, 지성인들 주변에서 이러한 어려움을 극복할 수단을 찾아야 했다. 쥐페 법안의 소개와 대학생들의 시위에서부터 매스미디어는 사회보장제도나 젊은이들에 대하여 많은 전문가들에게 도움을 요청했다. 매스미디어는 이들에게 한편으로는 사회보장 개혁에 대한 분명한 평가, 즉 내용과 호기를 제시하기를 요구했고, 또 한편으로는 '대학생들의 위기감'의 대책에 대하여 무엇인가 말해 주기를 요청했다. 11월 중순 이후부터 매스미디어에서 일하고 있던 지성인들, 예컨대 신문에서 시평을 쓰고 있던 사람들 또는 《르 피가로》지의 알랭 맹크와 같이 시사 문제에 정기적으로 인터뷰나 기사를 써왔던 사람들 또한 폭넓게 자신들의 입장을 표명했다.

위기가 일반화되면서 언론 계통의 지성인과 전문가들의 필요성이 더욱 강조되었다. 운동이 심화되고 지속됨에 따라 점점 더 중대한 '사건'으로 인정되기에 이르렀고, 이 사건 주위로 편집부원들이 동원되어야 했지만, 사건의 처리가 문제를 제기했다. 기자들은 예측 불허의 결과를 가진 예상하지 못한 사건 앞에서 순간적으로 작금의 상황에 대해 해설하기를 자제하는 '정치권의 침묵'에 부딪쳐야 했다. 특집 방송의 조직에 참여했던 한 조언자는 다음과 같이 회상한다. "'공화국연합' 사람들은 특별 방송에 참여하는 것을 서두르지 않았고, 장관도 마찬가지였다. (…) 사회주의자들 또한 결코 서두르지 않았다." 평상시에는 특권을 부여받은 대화상대자들인 정치권이 미디어의 초대를 회피하면서부터 기자들은 점점 더 사건에 대한 해설의 권한에서 멀어져 갔다. 일부 TV 편집 과정에서 보여 준 기자들의 분열과 마찬가지로, 파업 현장을 담은 TV 화면에 비친 기사가 신문에 게재된 사실이 이를 증명하기라도 하듯이, 점점 더 감시를 받게 된 기자들은 더욱더 감시를 받는 상황에 이르고 말았다.

하지만 각 매스미디어의 편집부에서 내세울 수 있고, 자신의 평판을 잃지 않으면서 할 말이 무엇인지를 정의할 줄 아는 기자의 탁월한 능력에 따라서 문제가 서로 다른 방식으로 제기됐다. 《뤼마니테》지, 《르 피가로》지와 같이 공개적으로 취재에 참여한 편집부의 경우는 예외에 속한다. 이들 편집부는 '이 사건'에 대해 의견이 분열되지 않았고, 우리는 이들 기자들이 투사적 태도와 '종이로 말하는 여론'이라는 이름으로 태도를 결정하는 것을 보았다.

만약에 신문들이(특히 《뤼마니테》지의 경우) 12월에 평상시와는 달리 지성인의 태도로 돌변한 것은 사회 운동이나 파업에 대한 자신들의 입장을 공유하고 있는 지성인들에게 말할 기회를 주는 전투적인 태도라는 논리에서이다(이들 중 일부는 신문에서 이미 재정 문제에 대한 자신들의 지지를 표명했다). 파업에 대한 기사의 처리에서 가장 큰 문제가 된 것은 편집부원들에게 공개적인 참여를 금지하고 있는 매스미디어 내부의 기자들의 노동에 대한 정의에서이다. TV 뉴스에서는 기자들이 '정보'를 제공해야 한다는 특권을 내세우며, 이 어려움을 피해 가려고 했다(파업자들의 요구 사항, 이용자들의 관심을 끄는 파업으로 야기된 교통 혼잡에 대한 정보와 실용주의자와 중도파들에 대한 정보 제공(걸어서 출퇴근, 자동차나 카풀을 이용한 이동)). 이러한 운동의 분석은 특별 방송의 준비로 이어졌다(이 특별 방송에 지성인들이 초대되었다). 이와는 반대로 언론에서는 이처럼 중요한 사건에 대한 처리가 단순히 정보를 전달하는 일로 축약될 수 없었다. 따라서 《르 몽드》지의 편집국장은, 일간지는 "독자들에게 사건에 대한 연구와 해석이 딸린 분석과 방향을 제시하는 것이 필요하다"라고 설명했다. 하지만 이러한 분석 작업은 기자들의 몫이 되지 않는다. 지성인들에게 도움을 요청함으로써 기자들은 대리로 자신을 표현하거나 침묵을 지킬 수 있다. '불투명하고 복잡한' 정세에 직면하고 있는 분열된 편집부에서는, 몇 달 후에 에디 플레넬이 보고하게 될 사항과 마찬가지로[39] '해설이나 판단 속으로 들어가서'는 안 된다고 결정했다. 즉 12월의 '돌발사, 사건' 앞에서 《르 몽드》지의 기자들에게 우선권이란 것은 '보고 이야기하는 것'이었으며,

이들의 분석 작업은 원칙적으로 편집부 밖의 사람들, 종종 대학인들이 작성한 텍스트로 '오리종(Horizons: 수평선)'이란 지면에서 완성되었다.

《리베라시옹》지에서는 정보 작업과 분석 작업에서 비교 가능한 분리 현상을 관찰할 수 있다. 즉 기자들이 쓴 '관점'은 종종 연구자나 교육자와 함께 작성한 기사 형식으로 된 '르봉(Rebonds: 도약)'이란 지면에 게재되는 경향이 있었다.

지성인들의 요구가 평상시보다 더 긴급한 상황에서, 언론의 혼란은 탄원의 매스미디어화에 대해 영향을 미쳤지만, 그 영향을 설명하는 것으로 충분하지 않다. 《르 몽드》지 기자들은 고급 공무원이나 지성인들, 아주 유명한 기자들과 같은 인물들(예컨대 매스미디어에서 가장 많이 인터뷰를 한 3명의 대학인들의 명단을 말하자면 알랭 투렌·피에르 로장발롱·미셸 비노크이다)에 의해 인준을 받은 개혁 호소안을 조용히 내버려두지 않았다. 더욱이 개혁 호소안은 시대의 일상적인 불안의 위계 속에 잘 정돈된 상징적인 내기에 실제로 근거하고 있었다. 실제로 이 호소안은 알랭 쥐페 법안의 평가를 포함하며, 니콜 노타의 입장을 지지하고 사회당을 문제삼았으며, 사회당의 침묵과 이중 플레이가 이미 언론의 평가를 자극했다.

파업 탄원 호소안 또한 《르 몽드》지 기자들의 눈에 띄지 않

---

39) 장 말리포(Jean Malifaud)에 의한 플레넬의 인터뷰, 《기자들의 세계 *Le Monde des journalistes*》, 1966년 11월 2-3호 pp.71-72에 소개된 '통일노조연합' 연구소 저널의 《새로운 주시. 교육. 연구. 문화》.

고 조용히 지나갈 수 없었다. 파업 탄원 호소안은 부르디외 · 자크 데리다 · 피에르 비달 나케 등과 같은 유명인사들의 서명을 포함하고 있었다. 게다가 그 내용은 개혁 탄원안과 마찬가지로 《루즈》('공산당혁명연맹'의 주간지인)지의 전 편집국장이며 발기인들의 친구였던 에디 플레넬이 이끄는 편집부의 관심을 끌기에 충분했다. 《르 몽드》지가 12월 5일 저녁 마지막 페이지에 게재한 기사에서, 탄원안은 첫 문장부터 개혁 호소안에 대한 '응수'로 소개되었다. 12월 6일부터 탄원안 기획자들의 팩스를 통해 부인된 이 강독안은 많은 기자들에게 자극제가 되었다. 단순한 부인으로 간주된 이 반박은 효과가 없었다. 한 여기자는 12월 12일 부르디외가 리옹역 시위에 참가했을 당시 '아주 분명한 분열 노선'을 지성인들에게서 감지할 수 있었다고 설명했다. 즉 이것은 두 탄원안 명단의 서명자들이 마주 앉아 프랑스 국영 제2TV(A2) '심야 토론(Cercle de Minuit)' 방송에서 이 여기자가 확증한 인상이었다. 이 여기자는 이러한 사실을 자신이 일하고 있던 일간지의 편집국장에게 보고했다(나는 이러한 사실을 직접 목격했으며, 그 토론은 서명자 명단 사이의 전쟁과 흡사한 인상을 받았다고 국장에게 말했다). 이 국장은 여기자에게 '서류'를 요구했고, 신문에서 지성인들의 탄원을 삭제하려고 했다. 몇 개월이 지난 후 이 여기자는 "사람들이 신문에서 잘 감지하지 못한 그 무엇인가가 있었으며, 사람들은 그것, 말하자면 일종의 지성인들의 각성을 잘 감지했다"고 판단했다. 에디 플레넬은 1996년 '지성인들의 각성'에 대해 질문을 받았을 때(어느 점에서 이 각성이 기자에게 질문을 던지게 했는가?) 다음과 같이 곧바로 응수하였다: "우리는 《에스프리》지의 텍스트와, 이어서 부르디외의 텍스트를 발표한 최초의 사람들이다."

좀더 일반적으로 말하자면 서명자 명단의 매스미디어화는 여러 언론사의 경쟁에 크게 의존했다. 12월 5일자 《르 몽드》지 마지막 페이지에 게재된 기사에 대항하여 《리베라시옹》지는 2페이지에 달하는 '사건(L'Evénement)' 이란 지면에 탄원 특집 기사를 할애했다. 1주일 후 두 일간지는 리옹역 시위에 부르디외가 참석한 사실을 독점하여 게재하려고 서로 경쟁하기도 했다. '서명자 명단의 전쟁' 이 진수되었을 때, 세 정치 일간지 《르 누벨 옵세르바퇴르》《레벤느망 뒤 죄디》《르 푸앵》(p.108 자료 참고)지와 《파리-마치》지가 계속하여 이 사실을 보도했다.

각 미디어가 보도한 기사는, 항상 경쟁 보도의 결과로 인하여 부분적인 기사로 전락하기도 하지만, 언론의 '훌륭한' 주제가 아닐 뿐만 아니라 단지 기사를 소개하는 한 방식에 속한다. 예컨대 《르 몽드》지의 기사가 개혁안 명단에 대한 '응수'로 파업안 명단을 소개할 경우, 《리베라시옹》지의 2페이지에 걸친 기사는 '사회 운동에 직면한 두 좌파' 라는 기사의 제목과, '개혁안 호소문을 작성한 조엘 로망과 같이 철학자이며, 공산당혁명연맹의 책임자이고, 파업안 명단의 서명자인 다니엘 벤사이드 사이의 토론' 이라는 본문의 배열을 통해 《르 몽드》지와 동일한 형식으로 이 사건을 분석했다.

마찬가지로 기자들은 자신을 표현하고자 하는 몇몇 탄원자들을 초대했다. 인터뷰나 라디오 또는 TV 토론에서 서명자 명단 중의 하나를 설명하기 위한 서명의 선택은 탄원 조직자의 의중에서 벗어난다. 이 탄원 조직자들은 대표자가 시작하지 않은 작업을 자신에게 유리하게 왜곡하고 있는 미디어를 통해 선택된 대표자를 종종 의심하기도 한다. 기자들은 자신들이 알고 있는(사람의 이름이나 개인) 사람들에게 우선권을 부여한다. 한 기자가 잘 지적하는 바와 같이, 지성인들은 만약 자신들의 이름이 알랭 맹크나 알랭 투렌의 이미지에 '상감된 이름'일 경우에 한하여, TV 방송에 초대되어 파업에 대해 이야기할 수 있는 행운을 가질 뿐이다. 이들의 이름을 소유한 사람들은 대중에게 알려진 이름으로 간주되며("우리는 이들이 훌륭하다는 사실을 잘 안다"라고 한 기자가 말했다), 이들은 대답을 짧게 하고, 대중에게 어필하는 법을 알고 있다. 일반적으로 미디어 지성인들은 거의 모두가 12월의 운동에 참여했다. 특히 알랭 핑켈크로트와 자크 쥘리아르의 경우가 대표적이며, 서명에 관계없이 미디어의 비정규직 지성인들(예컨대 에드가 모랭처럼) 또한 아주 정기적으로 참여했다. 미디어에 시평을 기고하는 모든 지성인들 또한 달리 다른 방도가 없었다. 베르나르 앙리 레비의 경우는 이 점에 있어서 계시자라고 할 수 있다. 즉 평상시에는 오히려 국제적인 문제에 참여하곤 했던 베르나르는 이번 거사에 그 어떤 서명도 하지 않았지만, 《르 푸앵》지에 시평을 쓰고 있었기 때문에 파업과 지성인들에 대한 자신의 입장을 표명해야만 했다.

기자들의 경쟁은 미디어에 얼굴을 거의 드러내지 않는 지성인들이나 얼굴이 알려진 지성인들에게 협조를 구하기도 하며, 다른 기자들은 이들 지성인들을 대면하고 싶어한다. 또 어떤 경우에는 파업에 대해 별로 할 말이 없다고 지성적으로 판단하고 있는 지성인들과 자신들의 판단 논리로만 적합하게 초대받은 사람으로 자인하는 사람들에게 말을 건네기도 한다. 따라서 미국 국적의 한 정치학 교수가 뉴욕 현지에서 저녁에 방송된 제1부 프로그램에 참여하게 되었다. 이날 방송의 캐스팅 책임자는 "이것이 유행이기 때문에" 이 사람을 초대했다고 말했다. 철학자인 앙드레 콩트 스퐁빌의 참여 또한 동일한 논리에 해당된다. 이 철학교수는 중요한 미디어 명성의 혜택을 받은 사람으로 책의 성공이 이를 입증한다. 그는 12월 19일 인터뷰에 참여했다. "앙드레 콩트 스퐁빌 교수는 지금까지 파업에 대한 자신의 입장을 밝히지 않은 이들 가운데 한 사람입니다. 우리는 《대(大)덕목 개론》의 저자인 이 철학교수에게 이처럼 입장 표명이 늦어진 이유를 인터뷰했습니다." 이 '늦어진 입장 표명'이란 용어는 아주 웅변적이다. 즉 일부 기자들의 눈에는 가장 친미디어적인 지성인들이 자신들의 의견을 표명할 때, 다른 지성인들 또한 침묵으로 일관할 수 없을 것이라고 비춰졌던 것이다.

앙드레 콩트 스퐁빌에 의해 진행된 대담은 신문·잡지에 다

새 정치 일간지 《르 누벨 옵세르바퇴르》《레벤느망 뒤 죄디》
《르 푸앵》에 실렸던 개혁·탄원안 보도

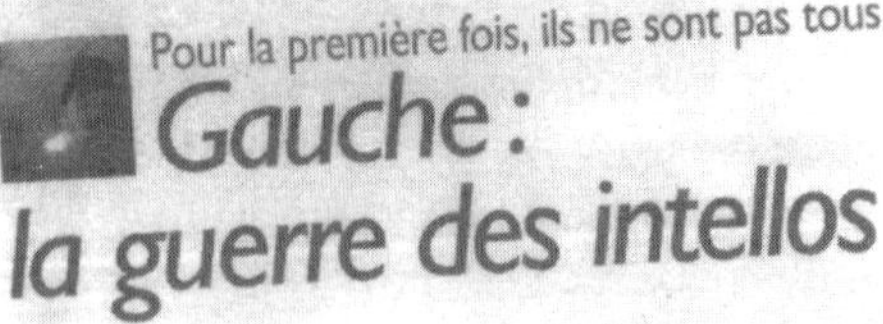

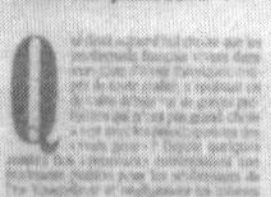

Le Nouvel Observateur,
14-20/12/1995,
L'Événement du jeudi,
21-27/12/1995,
Le Point, 30/12/1995.

시 소개되었다. 왜냐하면 대담을 성사시킨 이들은 인터뷰를 선동한 기자들과 함께 자신이 이 파업에 대해 침묵을 지킨 지성인의 의견을 알아내는 데 적합한 사람이라는 확신을 공유하고 있었기 때문이다. 미디어는 지성인들이 없으면 결코 있을 수 없는 참여를 선동하면서, 지성인들의 단체 행동이 정치의 장에서 만들어 내는 파급 효과를 최소화하였고, 안개(방해) 효과를 만들기도 했다.

파업 기간 동안에 지성인들에게 관심을 보였던 사람은 바로 정치부 기자들이었다. 우리는 이들 정치부 기자들을 《르 몽드》지에서 확인했으며, 이들의 역할은 우리가 말했듯이 서명자 명단의 미디어화에서 중심적인 역할을 했다. 말하자면 무엇인가 중요한 일이 지성인들 사이에서 일어나고 있다는 신념을 갖는 일은 정치부에서의 오랜 근무 경험에서 나온 것이다. 이들은 부서 사이의 경쟁 속에서 주제를 파악하는 기술을 익혔다. 이 때부터 일간지가 탄원에 할애하는 모든 기사는 결산 형식의 서류를 제외하고 기자들의 이러한 철저한 직업 의식에서 나온 것이다. 《르 몽드》지의 정치부를 이끌고 있는 토마 페렌치는 바로 훌륭한 예로 볼 수 있으며, 토마는 기자 세계에서 어느 점에서는 지성인에 버금가는 위치를 차지한다. 파리고등사범학교 출신인 토마는 《르 몽드》지의 신간 안내에 정기적으로 글을 쓰고 있으며, '메를로퐁티클럽'이나 《르 몽드》지를 비롯하여 '프랑스−퀼튀르' 라디오 방송의 토론회에 참석하는 인물이었다. 토마는 이곳에서 기자들과 지성인들을 만나고 있었다.

다른 미디어에서는 정치부 기자들이나 일반 기자 또는 대(大) 리포터들이 기사를 작성한다. 이 기사는 결코 다른 부서, 즉 12월의 지성인들의 기사 처리에서 큰 관심을 보이지 않았던 문화부와 같은 부서에서는 만들어질 수 없다. 종종 문화부 기자들은 이러한 운동의 취재에서 스스로 빠져나간다. 따라서 '뉴스매거진(Newsmagazine)'에서 일하고 있는 문화부 소속의 한 기자는 다음과 같이 당시의 상황을 설명한다. "나는 12월 에 사무실로 일하러 가는 것을 피했기 때문에, 국장이 나에게 '지성인들의 전쟁'에 관한 기사를 요구할 뻔했던 기사 작성에 서 벗어날 수 있었으며, 내가 결근하자 국장은 정치부 기자에 게 기사를 의뢰했다."

　말하자면 사건 당시 그 사건을 취급했던 기자들은, 자신들 의 행동 열정과는 달리 이러한 시류에 연관된 지성인 세계를 취재하는 구체적인 능력을 소유하지 못했다는 사실을 의미한 다. 정치부 여기자들은 이 종류의 일에 별로 친숙하지 않고 '신중하지 못했다'고 스스로 인정한다. 만약 정치부 기자들이 이전에 지성인들이 취했던 정치적 입장에 대해 질문을 받는다 면, 이들은 지성인들의 모든 정치 여정을 거의 모르고 있을 것 이다. 따라서 우리는 기자들이 정치 인생의 모델에 따라 지성 인들의 동원을 소개하는 경향에 차이가 있다는 사실을 이해할 수 있다. 말하자면 기자들은 종종 동원을 개인의 전쟁으로 해 석하고 있으며, 지성인들의 분열을 엄격하게 정치적인 대립, 즉 두 좌파의 대립과 '친(親)쥐페' '반(反)쥐페'의 대립으로 축소한다. 정치부 기자들에게서 지성인 세계에 대한 인식은 정점에 달하고, 이러한 기자들의 지성인 세계에 대한 인식은 미디어 전체에서 지배적인 현상으로 보인다. 국영 일간지 여기자는 '심야 토론'이 자신에게 '시동 장치'로 작용했다는 사실을 다음과 같이 환기하면서, 지성인들의 저널 비전을 아주 잘 설명하고 있다. "나를 놀라게 한 것, 그리고 내가 TV에서 항상 좋아한 것은 바로 토론이며, 진정한 정치적 토론은 완전히 사라졌다……. 진정한 정치적 토론으로의 회기가 TV에서 다시 시작되고 있다. 즉 사람들이 서로 욕설을 퍼붓던 70년대 문학에 관련된 방송 무대가 홀에서 완전히 사라졌다." 정치부 기자들을 두려워하는 지성인들은 특히 12월의 경우처럼 정치인들이 말조심할 때 정치계의 대리인이 될 수 있다.

'새로운 동지'에 대하여

　1996년 4월 12일자 《르 몽드》지의 '신간 안내'(cf. 자료 pp. 114-115)에서 지성인들의 기자에 대한 두려움의 양식을 밝혀 주는 2페이지 분량의 '새로운 동지'라는 특집 기사가 실렸다. 2명의 필자들은 파업 탄원안에 대한 서명 지성인들의 이미지를 1995년 12월에 있었던 파업자들에 대한 지지 호소안, 《뤼마니테》지에 실었던 많은 지성인들의 기사들, 마르크스 국제학술대회를 무차별하게 혼합하고 있는 편집으로 인해 공산당과 극좌파에 가까운 '동지'로 밀어붙였다고 믿는다. 이것은 이들이 '부르디외의 네 개의 호소안'이라고 부르는 것이며, '비평적 사고' 장소인 클럽·잡지·출판사와 같은 곳 중에서 몇몇 장소와 공산당 사무총장의 모든 선언을 장식하기 위한 것이다. 이러한 '사인'들은 원칙적으로 파업 탄원안 서명 지지자들인 '프랑스 지성인들'과 '공산당 좌파, 생태학자나 트로츠키스트' 사이의 화해를 강조한다. 중립성이라는 외형하에, 두 기자들(한 기자는 파리고등사범학교 출신이자 역사학을 전공한 사람으로 같은 페이지에서 인용되고 있는 프랑수아 퓌레의 측근으로 일간지(《르 몽드》)의 문학 소개 파트에서 일하고 있으며, 다른 한 기자는 파리고등사범학교 문과준비반 과정을 거쳐 정치학연구소(IEP)에서 '비사회당 좌파' 전문가 과정을 공부했다)은 자신들의 계산대로 파업을 찬성하고 옹호한 지성인들을 '12월의 지성인들'에 대한 진실을 말할 능력을 갖춘 중립적인 관망자의 입장에 놓으면서, 파업과 파업을 찬성하고 옹호한 지성인들에게 적대적인 지성인들에 의해 논의된 주제를 다시 전개했다. 말하자면 프랑수아 퓌레(전 프랑스공산당 당원이자 통합사회당원이었으며, 고등사회과학원 총장을 거쳐 생-시몽재단을 경영하기도 했던)와 스테판 쿠르투아(《공산당 만세》의 전-마오쩌둥주의자였다가 《대혁명 만세》의 전-마오쩌둥주의자로 변신한 후 덕망 높은 민주투사가 된)는 '동지'가 문제가 되기 시작하자, 왜냐하면 자신들이 공산주의 역사적 '전문가,' 즉 공산주의 죄목, '환상'에 대한 전문가이고, 한 개의 타이틀이나 다른 타이틀로 이러한 환상을 공유하고 있었기 때문에, 말하자면 이러한 사실들을 밝히기 위한 최고의 적임자로 간주되었기 때문에 기자들에게 꼭 필요한 인물이었다.

자신들의 세계에서 추구하는 이해 관계로 조종을 받고 있는 기자들은 집단으로, 틀림없이 자신도 모르게 당원의 선택에 이르렀다. 파업 기간 동안 기자들은 쥐페 법안에 호의적인 지성인들을 찬양했고, 특히 국민 일간지에서(《뤼마니테》지는 예외)나 공영 라디오 방송에서(프랑스-앵테르, 프랑스-퀼튀르) 파업 호소안에 서명한 사람들보다 개혁 호소안에 서명한 사람들을 한층 더 찬양하였다. TV에서는 개혁 호소안에 명단이 올라간 지성인들만이 저녁에 개최된 제1,2차 토론 방송에 참가했다. 1시간 후에 프랑스 제2방송(A2)에서 방영된 '심야 토론'은 예외였다. 왜냐하면 첫날 방송이 두 서명자 명단 사이의 대결로 조직되었기 때문이다. 방송 무대의 구성은 개혁 탄원안의 로니 브로만과 올리비에 몽쟁, 알랭 투렌)에 비해 파업 호소안의 돌발 사태로 인해(이 방송에 참여하기로 했던 자크 쥘리아르는 교통 혼잡으로 불참하였다) 대표자를 초과하여 출현시켰다(파업안의 대표자는 자크 케르고아 · 다니엘 벤사이드 · 베르나르 라크루아 · 앙리 말레르 · 피에르 비달 나케 · 소피 바니쉬였다). 제2차 방송은 제1차 방송에 거의 만족을 느끼지 못한 개혁 탄원안 서명자의 요구로 1주일 후에 다시 개최되었다. 이 방송은 항의하는 개혁 호소안 서명자들인 알랭 투렌과 자크 쥘리아르 우측에 장 클로드 카사노바(《렉스프레스》지 논설실장)와 알랭 제라르 슬라마(《르 피가로》지 논설실장), 좌측에

Le Monde, 12/4/1996.

enquête

« L'esprit de Marx, plus que la lettre »

Pour Robert Hue, secrétaire national du PCF, « le temps n'est plus où le Parti désignait les "bons" intellectuels »

Les lieux de la pensée critique

Editeurs et journalistes, étudiants en sociologie et professeurs d'histoire ou de philosophie : le renouveau passe par des clubs, des revues et des éditeurs où souvent les signatures et les thèmes, en feux croisés, se retrouvent

Les quatre appels de Pierre Bourdieu

Les nouveaux
« compagnons de route » ?

Le Monde, 12/4/1996.

카트린 밀스(공산당원 대학인)를 배치시키면서 첫날 방송의 효과를 변질시켰다.

　정치 상황에 밀접하게 연관된 관점에 자신들의 입장을 놓으면서, 전문가에 근접한 자세를 입증하고 있는 개혁안 명단은 위기의 시기에 해결책을 찾기를 갈망하는 기자들의 요구에 더 잘 부합되었다. 게다가 이 명단은 더 많은 매스미디어의 스포트라이트를 받고 있어, 파업 호소안보다 더 많은 '명단이 상감되어' 있었다. 가장 이름이 알려진 서명자들은 기자들의 간청에 아주 여유 있고 분명하게 대답했다. 따라서 부르디외(또는 크리스토프 샤를)가 기자들의 모든 초대를 거절한 반면에, 《에스프리》지의 책임자들은(개혁 호소안의 가장 미디어적인 서명자, 즉 미디어에 전방위로 활동하는 사람에 대해 말하지 않더라도) 12월에 고집을 부리지 않았고, 미디어에 대하여 만반의 준비를 하고 있었다. "우리는 모든 것을 거부할 수 없었다. 우

리는 우리가 말해야 할 많은 것을 거절하였다. 왜냐하면 우리
들 또한 우리를 지나치게 바라보는 것을 좋아하지 않는 독자
들을 갖고 있었기 때문이다. (…) 나와 조엘 로망, 우리 두 사
람은 서로가 일을 조금씩 분담했다.”

6

감춰진 결정론과 공표된 자유

동원의 우여곡절 끝에 유사성과 합병의 게임은 그룹의 정화로 나타났으며, 그 그룹의 구성은 대부분이 지성적·정치적·미디어적 충격을 결정했다. 탄원의 실질적인 중요성은 텍스트 그 자체와 마찬가지로 탄원이 관련된 사회 자원 전체에 달려 있다. 12월에 있었던 개혁안과 파업안이라는 두 개의 중요한 탄원에 만족하면서, 우리는 두 개의 큰 자원 체계를 구별할 수 있다. 이 자원은 상대적으로 미디어·정치·관료적인 자질을 더 갖추고 있는 개혁안의 축과 대립을 이루고 있으며, 지성·학문적 자질을 더 갖추고 있는 파업안의 또 다른 요인과 서로 대립하고 있다. 이 두 명단 각각은 이러한 자질, 즉 단순한 수학 계산으로 약분할 수 없는 사회적 비용으로 구성된 독특한 형식에 근거한다. 말하자면 각 탄원의 내부에서 관찰되는 편차는 총체적이고 단순한 결정에 만족하지 않는다. 개혁안에서 정치·경제력의 축은 지성·미디어 축과 구별된다. 파업안에서 투사적인 축과 학문적인 축은 서로 대립한다.

두 명단은 유명인사들의 고르지 않은 서명으로 서로가 구별된다. 말하자면 앞에서 우리는 어떻게 '숫자의 논리'와 '이름의 논리'가 서명의 가입에서 결합되었는지를 살펴보았다.

따라서 우리는 두 명단이 만들어진 형식에 따라 유명세를 타는 두 개의 대립 형태를 구별할 수 있다. 즉 개혁안은 우세한 입장의 정치·경제력을 바탕으로 하고 있으며, 파업안은 지성·예술·학문적인 영역의 실현을 바탕으로 한다. 정치·경제·관료적인 명성은 명단이 차지하고 있는 부서에서의 서열로 측정되지만, 마찬가지로 명예의 훈장(레지옹 도뇌르와 같은)으로 구별되기도 한다. 이 훈장은 무엇보다도 소속에 대한 인정이나 지배 계급의 소수 지도자 측근의 인정을 받고 있음을 표시한다(후원자, 고위공직자, 국가 정치지도자……). 아울러 이러한 명성은 무엇보다도 대학과 연구소에서의 위치로 측정되며, 학문·지성계의 훈장(국립과학연구소 메달, 문학상, 외국어로 번역된 작품, 인용 횟수 등등……)이나 대출판사에서 출간된 작품의 수 및, 잡지사의 경영 능력 등으로 측정된다. 따라서 탄원자 각 명단은 명단이 규합하고 있는 사회적 위치의 총체로 정의된다. 즉 개개의 명단에는 차이뿐만 아니라 서열이 존재하지만, 정치적·매스미디어적 해설에 의해 종종 무시되거나 밀려난 고유한 내재적 원칙이 있다. 순수하게 미디어적인 명성은 TV·라디오·언론에서의 출연 횟수, 즉 기자들에 의해 인용된 기사의 저자나 이름의 횟수로 평가된다. 기자들은 아주 중요한 미디어적 명성을 갖고 있는 지성인들에 대해 생각하므로 이들을 자주 만나거나 이들의 작품 보고서를 자주 읽을 뿐만 아니라, 경제학자 장 폴 피투시에 대해 한 기자가 언급한 표현을 빌리자면, 이들은 '권력이 지성인들의 이야기를 주의 깊게 경청한다'고 생각한다. 사건에 대한 어떤 확실한 비전을 부여하기 위한 투쟁 상황 속에서, 모든 미디어 종사자의 이름은 익명의 서명자 명단의 양보다 더욱 중요한 게임이 되었다.

　지성인들의 매스미디어 참여의 양적 중요성은 지성인들이 지성인 영역에서 보유하고 있는 구체적인 상징적 중요성에 이른다. pp.122-123에 계속되는 그래픽은 다음과 같은 두 축에 지성인들을 자리매김하고 있다. 즉 하나는 '내재적인' 학문적 중요성 또는 학문적 명성의 축(1995년 사회학 논문 인용 목록에서 인용된 횟수로 측정)이며, 다른 하나는 미디어의 상징적 중요성을 보여 준다(1994-1995년 《르 몽드》지에 참여했던 수치 —그래픽 1. 1994-1995년 **TF**1, **F**2, **FR**3 방송의 출연수로 측정 —그래픽 2. 만약 기사만을 고려한다면——《르 몽드》지의 '오리종(Horizon)' 이란 지면에서의 대담과 종종 단체로 한 입장 표명은 제외하고, 또한 다른 방송국, 특히 '엘씨이(LCI)'[40)]와 같은 민영 방송에 출현한 것을 들추어 낼 수 있다면 두 축 사이의 차이는 한층 더 드러날 것이다). 따라서 개혁 호소안 서명자들은 넓은 의

---

40) 1994년 개국한 24시간 생방송으로 진행되는 **TV** 정보 채널로 약 5백만 명의 회원이 가입되어 있다. 〔역주〕

학문적 · 매스디어적 평판도(《르 몽드》지)

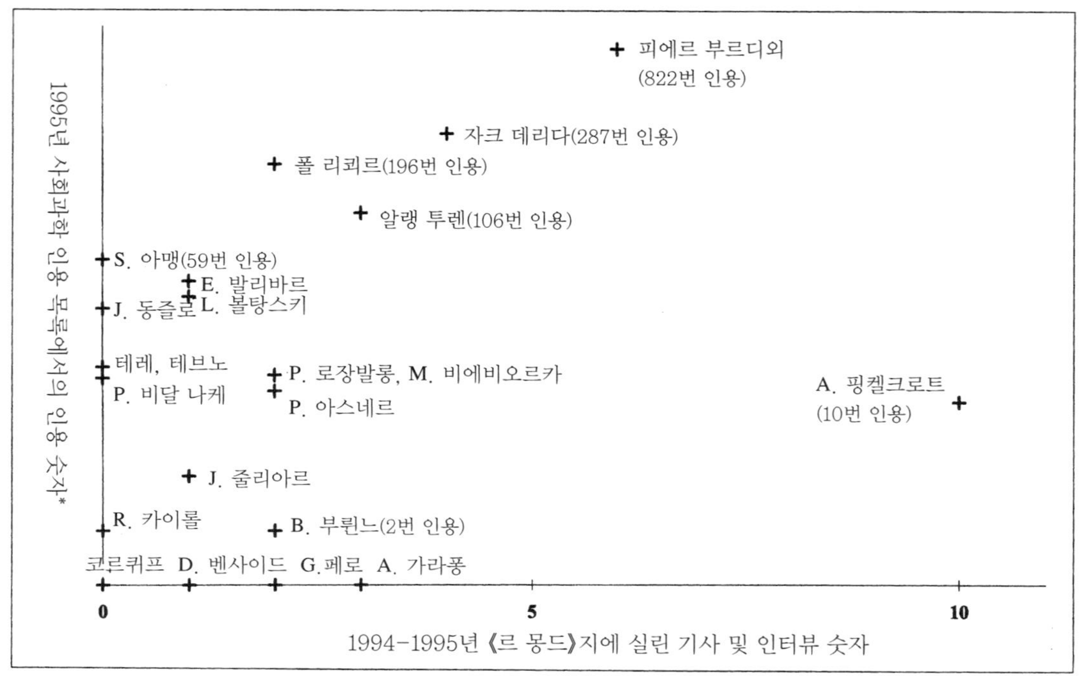

*독자들에게 쉬운 그래픽 강독을 제공하기 위해, 우리는 사회과학 인용 목록(SSCI)의 숫자에서 대수자(échelle logarithmique)를 이용했으

학문적 · 매스미디어적 평판도(텔레비전)

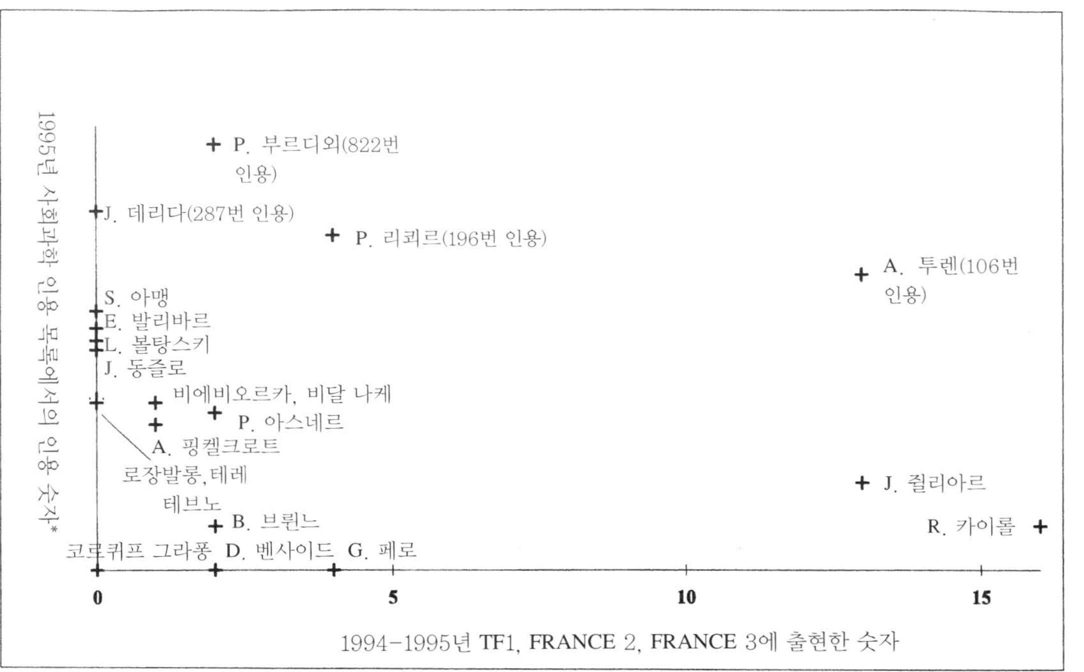

며, 인용 목록에서 어떠한 인용 목록 대상에 포함되지 않는 지성인들을 단 한번만이라도 인용된 지성인들과 비교했다.

미에서 미디어 축에 더 의존했던 것으로 여겨진다.

서명자 명단을 펼치면, 탄원안을 읽는 독자는 맨 먼저 자의적인 분류를 조회하게 된다('좌파' '가톨릭' '전문가' 등등……). 하지만 이 범주는 자신의 고유한 위치와 서명자 전체의 객관적 특성 사이에 존재하는 관계를 특별히 설명해 준다. 좀 더 정확하게 말하자면 그러한 서명자 전체의 특성 사이에서 자신을 더 드러나게 해주는 관점을 설명하는 것이다. 이 통계분석은 우리가 그동안 알지 못했거나 모르고 지나온 각 탄원 서명자들의 일부 특징을 환기시켜 주면서, 이러한 장애물을 극복할 수 있도록 도와 준다.

첫번째 연구는 파업 탄원에서 사회적인 활동 영역의 특징을 제시해 주었다. 파업 호소안은 대학인(강사, 교수들)·연구원(국립과학연구소, 국립인구학연구소 등등……)·시골 사람·여자(2배가 더 많다)들로 구성되었으며, 반면에 고위공직자·고급간부·자유직업인들의 참여 숫자는 상대적으로 적었다. 아울러 이 연구는 두 탄원의 초기 서명자 명단 1백60명을 집약함으로써 세련되고 구체적인 방식으로 서명자 명단을 제시하고 있다.[41] 행정·경제 권력을 분명하게 지향하고 있는 개혁안 명단은 텍스트가 말하는 바 그대로 '지성인' '책임자' '전문가'에 관련된 명단이며(이들 중 상당수가 두 개 이상의 감투를

---

41) 따르는 분석은 앞으로 상세한 출판의 대상이 될 많은 서신의 분석에 근거하고 있다.

쓰고 있는 부서의 장이다), 파업안 명단보다 《후즈 후》 인명사전에 3배나 더 많은 개인이 등재되어 있다. 파업안의 첫번째 명단은 좀더 학구적인 대학 구성원들이고, 달리 말하면 좀더 전투적이다. 이 명단에는 전문가·자문위원보다는 정치인, 골수 당원이나 투사들이 포함되어 있다. 대학 구성원들 중에서 개혁안은 경제학자들보다 더 유명한 '유명세를 타고 있는 사람들'을 뽑았으며(넓은 의미에서 《후즈 후》 인명사전에 등재된 사람들), 최소한 역사가들이 포함되어 있다. 반면 파업안에는 원칙적으로 사회학 연구자들이 포함되어 있다. 개혁 탄원안은 좀더 명확하게 논설위원이나 시평을 쓰는 사람과 더불어 미디어의 지원을 받았다.

개혁안과 파업안 탄원의 '유명세'(《후즈 후》 인명사전에 등재된 사람들)는 경제력의 상황에 따라 서로 대립한다. 개인 주소의 지역적인 분포는 경제력을 알려 준다(직업은 예외로 하고). 즉 개혁안 서명자들은 파리지앵들이며, 이들은 특히 파리에서 가장 부유한 지역(7, 8, 15, 16구)에 살고 있지만, 이와는 반대로 서명자 명단에서 이들의 존재를 알려 주는 저작 의존도는 상대적으로 떨어진다. 평균 연령으로 볼 때, 이들 저술서의 숫자는 파업안 서명자들보다 2배나 떨어진다. 이러한 데이터를 요약하자면, 우리는 서명자 전체를 통해 이루어진 연속체의 두 끝에서 대학인(파리고등사범학교 출신이나 중등교사자격증 소유자인 아그레제)과 고급공무원이나 기업 총수(에콜 폴리테크니크(파리이공과대학) 졸업생이나 국립행정학교 출신)가 서로 대립하고 있음을 알 수 있다. 지성인의 축에서는 전기 작가들이 10권 이상의 저서를 저술했으며, 학문이나 문학 서적의 제목이나 상훈을 언급하고 있다. 반면에 개혁안 사람들은 작품을 쓰지 않았으며, 레지옹 도뇌르 훈장을 자주 언급하고 있다. 학문 소속에 대해 말하자면 제1위가 인문학, 제2위가 경제학·법학·정치학이다. 따라서 파업 탄원안과 개혁 탄원안은 이미 대학의 영역에서 사회학에 의해 검증된 하위 구조의 정화 작업일 뿐이다.[42]

이러한 첫번째 대립에 다른 요소, 즉 이처럼 '두 체계의 자원'을 구성하고 있는 각각의 두 명단에 내재된 요소가 대립하고 있다. 파업안 내부에서는 두 분파, 즉 '과학적' '투사적' 분파가 서로 구분된다. 부르디외나 데리다처럼 학문적·지성적인 모든 명성을 축적하고 있는 사람들과, 인생 여정이 정치 조직에서 강한 투사적 활동으로 표시되는 '좌파 지성인'이란 명성을 부여받고 있는 사람들이 대립한다. 종종 일반 대중 계급 출신들은 그랑 제콜 출신이 아닌 사람들로 공화국 승진의 모델과 유사하다. 예컨대 에콜 노르말(파리고등사범학교) 철학과 출신인 뤼시앵 세브나 독일어과 출신(아그레제)인 파에르 쥐캥이 대표적인 인물이다. 이들의 공산당 지성인으로서의 인생 여정은 칭찬과 비난을 동시에 받을 수 있는 프로필의 전형적인

---

42) 부르디외, 《호모 아카데미쿠스 *Homo academicus*》(파리, 미뉘, 1984).

예로 볼 수 있다.

개혁안 명단의 경우, 좀더 상세한 통계 분석을 해보면 최소한 세 개의 그룹으로 분류된다. 한편으로는 에콜폴리테크니크(파리이공과대학) 출신과 기술자문위원을 구별해야 하고, 다른 한편으로는 국립행정학교 출신과 테크노크라트(전문 고위직)를 구별해야 한다. 제1그룹은 나중에 고문이 된 국립통계경제연구소 행정관(후에 고문관이 됨)인 베르나르 브렝과 같이 학문·기술 형태의 자본에 관한 전문가의 위치에 기반을 둔 '고문관 좌장'과 같은 사람들이 포함된다. 또 다른 그룹은 국립행정학교 출신이며 로랑 파비우스[43]의 전 기술고문을 지냈고, 이어서 에어프랑스 회장 크리스티앙의 고문이었던 드니 올리벤과 같이 오히려 테크노크라트란 용어의 의미 그대로 '결정권을 가진 사람들'이다. 따라서 이 두 하위 그룹은 1980년대 좌파의 권력 장악과 밀접한 관계를 맺고 있지만, '테크닉'의 측면에서 책임 수준은 크지 않았다. 제3의 하위 그룹 회원은 아주 강한 미디어 자본으로 특징지어진다. 이 그룹은 좀더 눈에 띄는 지성의 장으로의 귀착에 의해 앞의 두 그룹과 대조를 이룬다. 즉 많은 책을 저술하고, 아주 종종 대학 구성원들을 포함하며, 어떤 경우에는 에콜 노르말(파리고등사범학교) 출신의 대학교수 자격시험에 합격한 사람들인 이들은 다른 활동을

---

43) '국립행정학교(ENA)' 출신의 사회당 국회의원(센-마리팀)으로 프랑스 수상과 국회의장을 역임한 인물.〔역주〕

순수하게 지성적인 기능에 결합시키는 독특한 면을 갖는다. 이 그룹에는 예컨대 자크 쥘리아르 · 알랭 투렌 · 피에르 로장발롱 등이 포함된다. 일간지의 시평을 쓰는 논객들이며, 여러 공식위원회 회원이거나 클럽 회원이기도 한 이들은 파업안 명단의 '지성인들' 보다 덜 지성적이며, 동시에 파업안 명단에서 가장 정치적인 성향을 띠는 사람들보다 더 부르주아적이다. 이러한 중재자적인 위치는 이들을 '제2좌파'의 미디어의 대변인 역할을 하도록 했다. 다른 두 그룹은 '활동 분야'의 배우들의 역할을 했다.

학식과 권력 사이: 중도파 공화국

종신 노조원(1969-1973년까지 '프랑스민주노동연맹'의 경제 연구 책임자였다), 잡지 경영인(1973-1977년까지 '프랑스민주노동연맹' 자매지인 《오주르디》지를 창간하여 편집국장으로 일했다), 《페르》(1975)지 공동 창간, '프랑스대학연합'('기독교청년학생연맹(JEC)') '그랑제콜학생연맹(UGE)' 투사, 통합사회당('사회당(PS)') 당원, 연구원(파리 9도피네대학 연구원), 사회학자이자 정치사가 · 경제학자(작품과 세미나 참고), 대학교수(1984년 고등사회과학원 조교수, 1989년 연구 책임자)와 같은 수식어 전체가 피에르 로장발롱에 붙여질 수 있는 직함이다. 이러한 직함의 열거는, 비록 이 열거가 여러 사교계에서의 지위 축적을 암시하지만(예컨대 로장발롱이 노조적 · 정치적 투사였을 당시,

그는 '일반 당원격의 투사'라기보다는 오히려 프랑스민주노동연맹의 책임자——학생——종신 회원이거나 지도부의 자문위원이었다), 이러한 독창적인 인생 여정으로 타인과 구별되는 개성을 부각시키려는 목적이 있다. 이 마지막 예문은 1996년에 간행된 《프랑스 지성인 사전》에서 인용한 내용이다. 하지만 이러한 로장발롱의 이력의 열거는 그의 자부심에 해가 될 수도 있다. 따라서 로장발롱은 지성인과 집행위원회 사이의 관계를 비판하는 일부 프랑스민주노동연맹 투사들에게 너무 '지성적인 인사'로 비춰질 위험이 있다. 이와 반대로 그는 자신의 출간물에서 드러나는 출간 목적('자율 경영' '민주주의' '국가'와 같은)의 선택으로 인해 너무 정치적인 인사로 비춰질 수 있으며, 가장 자율적인 지성인들에 의해 권력에 너무 가까이 있다고 여겨질 수 있다('제2좌파의 관념론자,' 생-시몽재단 사무총장). 왜냐하면 사회 생활을 계속하여 영위하려면 서로 다른 두 세계에서 연유하는 부분적이며 이해 관계가 있는 객관성을 옹호해야 하지만, 사교계에 대한 적법한 담론의 생산을 위해서는 경쟁해야 하기 때문이다. 선적인 전개와 인생 단위의 모델은 일반적으로 한 사람의 전기에서 가장 훌륭한 모델로 나타나기 때문에(그리고 이 모델은 로장발롱에게 필요불가결하였다)——로장발롱은——바로 그날 자신이 대중에게 행한 중요한 '증언'에서[44] 충격이

---

44) 1970년대의 지적 여정: 피에르 로장발롱-로니 브로만-알랭 투렌, 《프랑스 정치 사상사 잡지》(1995년 제2호). 이 잡지에서 로장발롱은 프랑스민주노동연맹에 관한 많은 분석을 제시하였다.

나 모순에 빠지지 않고 자신을 고등상업전문학교(HEC) (1969
년)와 '프랑스민주노동연맹'(종신 회원으로 1969-1973까지 경
제 분야 연구 책임자)을 거쳐 1993-94년 '19세기말의 정치 구
현 양식의 변형에 대한 비교 연구'에 바쳐진 '정치사회철학'
세미나를 제안하는 사회과학원 연구 책임자의 위치로 옮아간
자신의 인생 여정을 회고한다. 만약 로장발롱의 정치 참여, 투
사적 활동, 노조 조직에서의 끊임없는 작업이 있는 그대로의
지적 활동으로 통할 수 있다면, 이것들은 지성인들의 정치 사
상에 대한 관심, 즉 지성인들의 교제(정치계의 출입)로 변환될
수 있을 것이며, 마침내 이러한 사상은 정치철학이나 정치학과
같은 규범 과목으로 취급되는 방식에 대한 관심으로 변환될 수
있을 것이다. 상대적으로 로장발롱은 TV에 거의 출연하지 않
았으며, 오히려 위탁인과 같은 '개혁자'나 어의 그대로 '제안
하는 지성인'의 모습으로 묘사된다.

탄원안에서 경제학자들은 전략적 위치를 차지한다. 이들은
자신들의 구체적인 능력을 소유한 사람으로 '사회보장제도'
나 정세에 관해 자신의 입장을 표명하게 해주는 특별한 형태
의 권위를 소지한 사람들이다.

자체의 경제학자를 갖는다는 것은 하나의 승부수이다. 이들
은 어떤 점에서는 '합리성' '능력'을 보증하는 사람들이다. 말
하자면 탄원 그 자체에 '충실한 사람들'이다. 하지만 경제 분
야를 참조해 보면 아주 다양한 활동과 직업적인 여정을 발견

할 수 있다. 파업안 명단과 마찬가지로 개혁안 서명자 명단은 경제 분야에서 다양한 각도로 대학의 경제학자와 '국립통계경제연구소'의 행정가들을 또한 재결집하고 있다. 더욱이 개혁안 서명자 명단은 자문위원회, 고급 공공 서비스 분야 출신의 경제학자는 물론 '프랑스민주노동연맹'의 '경제 전문가'를 포함하고 있다. 숫자적으로 더 많은 경제학자를 포함하고 있는 개혁안 명단은 이들 대부분이 《후즈 후》에 등재된 사람들이며, 파업안 명단에서는 이러한 경우를 찾아볼 수 없다. 이들은 국립통계경제연구소 기획실, 프랑스국립은행 기획실, 사무국 출신들이다. 또한 이들은 1980년대 경제 정책을 주도한 미테랑·들로르·로카르·베레고부아와 같은 경제 대가의 장관 사무실을 자주 출입한 사람들이다. 이 명단에 포함되어 있는 기 아즈나르나 베르나르 브렝과 같은 이들은 정치계와 아주 밀접한 관계를 맺는 독특함을 보이는 사람들이다. 즉 '좌파'에 속하는 이들은 1980년대 '대통령 다수당'에 속한 정당에 연줄을 갖고 있었던 사람들이다. 또 다른 분파는 대학이나 공공 연구에서 거시경제 이론이나 계량경제학을 전공한 전문가로 구성되어 있다. 최소한 이들 중에서 두 사람, 즉 다니엘 코엔과 장 폴 피투시는 이 분야에서 국제적인 명성과 정치적 후원을 아주 강하게 받았던 사람들이다.

마지막으로 다른 사람들, 즉 좀더 개혁 성향의 입장을 취하게 될 베르나르 엠·장 루이 라빌·기 루스탕과 같은 연구원들이나 대학인들은 '사회적 기독 교리'에 바탕을 둔 '연대 책임 경제'를 요구했다. 말하자면 이들 중에는 기업 연구, 특히 '중개상'으로 불리는 연합 분야나 기업 동화로 전환한 자율 경영 운동을 지지하는 '사회경제학자'가 포함되어 있다.

공산당원이면서 경제학자인 카트린 밀스에 의해 진수된 호소안의 서명자들과 같은 파업안 명단의 경제학자들은 대부분이 대학교수나 공공 조직의 연구원들이다. 이들은 일반적으로 '마르크스 신봉자'로 통하는 조직의 중심에서 정치적 노조 활동에 활발하게 참여했다. 즉 이들은 '프랑스공산당(PCF)' '노동총연맹' '공산당혁명연맹'을 비롯하여 1965-75년 사이에 활동했던 프롤레타리아 좌파 출신들이다. 하지만 오늘날 이들에게 공통된 지성적·정치적 입장에 대한 정의는 한층 더 활발해진 '비평적 좌파' '마르크스주의' '마르크스에 관련된 보고서'를 새롭게 쓰는 것을 목표로 하는 잡지·회의·연합에의 적극적인 참여에서 찾을 수 있다. 물론 가장 투사적인 축을 특징으로 하고 있는 이들이 파업안 서명자 명단 전체를 대표하는 것은 아니다.

7

12월 이후의 투쟁

개혁안 서명자 명단에 포함된 경제학자들 중에서 '노동 시간 단축'을 주장하는 주동자 그룹을 또한 찾아볼 수 있다. 하지만 이 문제에 관해 이 그룹은 다양한 목소리를 냈으며, 대부분의 파업안 서명자 명단에 서명한 경제학자들과 입장을 달리한다. 이 그룹 중에서 많은 사람들은 봉급자 사회의 고갈에 대한 확인(일자리의 부족이란 사회 문제에 대한 확인), 즉 '노동의 종말'에 기인하는 문화의 대변화란 예언자적 관점에서 노동 시간 단축의 필요성을 내세운다. 이렇게 해서 일부 사람들은 봉급생활자들에게 봉급에 대한 희생을 감수해야 한다는 정관을 강조하면서, 또한 지방이나 일부 도시에서 시행하고 있는 일련의 이러한 시도, 게다가 그 어떤 유연성과 노동의 재정비가 성공할 수 있도록 관료로서의 행동이나 기업에 대한 충고를 통하여 노동 시간 단축의 주창자가 되었다(이것은 '유연성'의 주제에 아주 가깝다). 또 다른 사람들은 로비앵 법안에서[45] 노동 시간 단축에 대한 진정한 선동 정치의 표현을 맛보았다.

오히려 더욱 급진적인 정치·노조 조직으로의 동원이라는 주제를 내걸었던 파업 호소안 서명자들이 이와는 반대로 봉급생활자들의 봉급을 유지하거나 인상해야 한다는 필요성을 강조했다. 개혁 탄원안 서명자들은 《파르타주》란 잡지에서처럼 사회기독교주의에서 직·간접적으로 영향을 받은 '나눔'이란 미덕의 주제를 갖고 있는 사람들이다. 파업안 서명자들은 현재의 부가가치세의 분배와 더 넓게는 경제 체계의 논리를 정면에서 다시 문제삼으면서 노동 시간의 단축을 동원 수단으로 만들었다. 이렇게 해서 '실업퇴치국민행동' 운동이 등장했다.

12월 이후 파업 및 개혁 호소안 서명자들은 이 문제에 끊임없이 개입했다. 기 아즈나르·베르나르 엠·자비에 골리에·장 루이 라빌·다니엘 모테·모리스 파가·베르나르 페레·기 루스탕과 같은 사람들이 '실업률의 상승과 자유방임 정책의 독단에 항거하는 사회·정치·경제 분야의 책임자들인 지성인들이 결성한 유럽 레지스탕스 조직망 구성'을 공표하고 나선 호소안의 첫번째 서명자 명단에 속한다. 그런데 이 호소안은 《르뷔 뒤 모스》[46]지와 노동의 분배, 경제 연대, 조건 없는 최소임금 보장을 촉진하던 《트랑스베르살》[47]지에 의해 6월 15일

---

45) 1996년 6월 고용 창출을 위한 노동 시간 단축을 목표로 제안된 법안으로 당시 '프랑스민주공화국연합당(UDF)' 의장이던 로비앵(Robien)의 이름에서 채택했다.〔역주〕

46) 1981년 프랑스의 정치·경제·사회학 교수들이 주축이 되어 '사회과학에서의 비실리 운동'을 표방하고 나선 잡지로, 프랑스 최고의 대중 토론지로 인정받고 있다.〔역주〕

진수되었다.

　노동 시간 단축안에 대해 아주 활발하게 진행된 모든 논쟁은 12월 이후 노조-정치 분야에서 강조되었다. 프랑스민주노동연맹 지도부의 입장은 1996년초부터 노동 시간 단축 문제의 공식적인 쇄신과 더불어 계속하여 이어진 로비앵 법안의 입법화를 통하여 돌파구를 찾은 듯이 보였다. '프랑스민주노동연맹'의 전 사무총장이었던 에드몽 메르는 자신이 일하던 기업에서 이 법안을 실용화한 바 있다. 개혁론자들은 '프랑스경영자전국연합회(CNPF)'와 중요한 일부 기업체 사장들의 강한 저항에 부딪쳤다. 미셸 로카르[48]는 주당 노동 시간의 초기 32시간에 대한 봉급자의 사회적 분담금 감면안을 제시하면서 토론에 참가했다. 좌파——사회당과 공산당——조직의 중요 지도자들은 특히 봉급생활자의 구매 능력을 유지시켜야 한다고 주장했고, 35시간으로의 노동 시간 단축이 단계적으로 이어져 32시간에 이르러야 한다는 단축 개념의 적용을 주장했다. 1997년 대선에서 승리한 좌파 정당은 35시간의 주당 노동 시간에 대한 '기본법'에 합의했지만, 속도와 그 양식에 관해서는 다양한 목소리가 흘러나왔다. 경제학자들과 사회학자들이 이 계획안의 토론에 적극 참여하여 다양한 의견을 제시하

---

47) 1990년 자크 로뱅(Jacques Robin)에 의해 '과학과 문화 사이의 반작용'을 비평하는 것을 모토로 창간된 잡지.〔역주〕
48) 파리정치학교(Science Po.)와 국립행정학교(ENA) 출신의 사회당 국회위원으로 1988-1991년 프랑스 수상을 역임한 인물.〔역주〕

였다.

12월은 토론 전체가 시작된 달이었다. 이때부터 이 토론은 제도화되었으며, '사회보장기금 적자'의 문제처럼 테크노크라트의 간청에 대한 대답으로 축소될 수 없었다. 이 토론 체계의 중심에는 '노동'과 '노동자'의 문제가 자리하고 있었다. 말하자면 우리는 12월에 현대 세계에서 사회 그룹의 존재와 위치에 대한 다양한 개념이 서로 대립하는 것을 보았다. 이러한 다양한 개념은 노동 시간의 단축과 같은 요구 사항과 사회 국가의 역할에 관한 서로 구별되는 입장 그 자체의 선택으로 표현되었다.

12월의 투쟁은 지성인 영역 전체를 관통했다. 1996년 통화 및 재정 시장의 안정만을 염려한 나머지 방법론적으로 사회적 경험을 파괴하는 데 일조하고 있는 '티에트메이에르의 구상' (1993-1999년 독일중앙은행 총재)에 대항하여, 부르디외는 지성인들이 나서서 유럽 사회 국가를 건설해야 한다고 설파했다. 예컨대 알랭 투렌은 12월에 주어진 이미지를 쫓아내기 위한 것처럼, 즉 시대에 뒤떨어진 사회 운동 이론가의 이미지를 벗어 버리기 위한 것처럼 사령관 마르코스와 '자파타 신봉주의자들'에 의해 멕시코의 시아파스에서 조직된 '신자유주의에 대항하는 은하계의 연합'에 참여했다.[49] 투렌 주변에서 다

---

49) 자파타 신봉주의(zapatistes)는 1911년 멕시코 혁명을 주도했던 에밀리아노 자파타(Emiliano Zapata)의 이름에서 유래하며, '인권을 존중하고

양한 의견이 제시되었다. 예컨대 이러한 사회 운동을 비난하는 쪽에 무게를 두고 있는 사회학자 미셸 비에비오르카와 이 운동에서 유럽 규모의 부활의 힘을 발견하고 있는 사회학자 파라드 코스로카바르 같은 사람들이 그 대표적인 인물이었다.

《대(大)거절》(1996년, 파이야르 출판사)이란 책을 통해 알랭 투렌 주변으로 재결집한 사회학자들 중에는 예전부터 끊임없이 투렌의 보수주의를 비난해 온 일부 학자들도 찾아볼 수 있었으며, 반면에 투렌의 학풍에서 발견한 중요한 쇄신 운동을 아주 다양한 방식으로 설명하려고 시도했던 학자들도 함께 찾아볼 수 있었다. 분당하려는 이들의 성급함은 지적·정치적 혼동에 따른 것처럼 보였다.

1996년 6월부터 '체류허가증을 받지 못한 외국인들'의 문제가 활발하게 토론되었다. 6월 9일부터 수많은 지성인들이 "생 앙부아즈[50] 교회에서 은신중인 알지 못하는 누군가에게 환대를 베풀고, 이 알지 못하는 사람들에게 (우리들의) 도움을 제공하고, 또 이 사람들에게 (우리들의) 지붕 아래에 숙박을 제공하자"라는 슬로건을 들고 나왔다. 1997년 2월, 이민에 관한 드브레 법안 계획안은[51] '시민 불복종'에 호소하는 영화인들의 반발을 불러일으켰다. 대규모의 '탄원이라는 파도'가 정치

위엄 있는 삶'을 표방하는 멕시코 혁명 단체이다. 현재는 마르코스(**Marcos**)가 시아파스(**Chiapas**)에서 자파타의 뒤를 이어 활동하고 있다.〔역주〕
50) 파리 11구에 위치한 교회의 이름으로 체류허가증을 받지 못한 외국인들을 환대하는 장소로 유명하다.〔역주〕

집단을 단기간에 사로잡았다.

　필경 멀리 떨어져 있었지만 12월에 재회한 일부 지성인들은 다음과 같이 의견 대립을 보이기 시작했다. 따라서 '사회적 분열'에 민감한 후보에 대한 예전의 지지로 인하여 선거 운동의 (미디어적) 예언가 중의 한 사람으로 꼽혔던 엠마누엘 토드는 1997년 드브레 법안에 반대한 탄원 당시 곤경에 빠지게 될 것이고, 다른 사람들과 함께 개인 자격으로 선거에서 고독한 선택인 공산당 지지를 발표할 것이다. 이와는 반대로 12월의 논쟁 당시 반대했던 사람들은 이 주제로 인해 서로 가까워질 것이다. 예컨대 1997년 2월은 개혁 호소안 서명자 일부에게는 사회 운동 측면에서 수정 형태의 기회가 될 것이다. 이것은 두 번째 탄원 동원에서 부분적으로 큰 힘이 되었다는 사실을 설명해 준다. 또한 일부 사람들에게는 두 운동 사이의 대립의 수사학적 특성을 정당화시켜 줄 것이다. '사회연합계약(CUS)' 주변에서의 투쟁은 12월에 강도 있게 나타난 문제를 명백하게 확인시켜 줄 것이다. 말하자면 특히 경제적·사회적 윤리 주제에 관하여 틀림없이 지성인들의 입장에서 가장 구조적이면서도 가장 눈에 띄지 않는 분리 원칙 중의 하나인 종교 조항의 무게를 확인시켜 줄 것이다. 이러한 관점에서 위기는 하나의

---

51) 1996년 당시 내무부 장관이었던 드브레(Debré)에 의해 발의된 불법 체류 외국인 추방 결의안을 담고 있는 계획안이었다. 이 법안에 반대하는 약 1천3백여 명의 예술가·지성인들이 1997년에 대대적으로 시위를 벌이기도 했다.〔역주〕

계시자로서 기능했다.

그렇다면 그에게 무슨 일이 일어났는가?[52]

　브르타뉴 가톨릭 노동자 집안 출신인 기 코크는 공립초등학교 교육과 무신론자인 '존경하는 스승'을 통하여 노동자 신분에서 벗어날 수 있었다.(p.169) 이 스승은 코크가 노동자 신분에서 벗어나는 데 결정적인 역할을 했다. 코크는 교사 양성 전문학교에 진학했고, 중학교에서 교편을 잡았으며, 일반 대중과의 헤어짐의 고통을 겪으면서 철학사 과정을 이수했다. "내가 환기하는 이 학생, 이 현명한 젊은이는 자신의 운명이 되어 버린 학자적이며 문학적이고 추상적인 교양에 불안하게 매달렸다."(p.41) '신학생' 시절부터 알제리 전쟁 반대 운동에 참여한 코크는 '기독교청년학생연맹(JEC)'과 아주 가까운 '기독교팀'의 한가운데서 투쟁했다. 대학에서는 이 조직의 후원 덕택에 '프랑스전국학생연맹(UNEF)'을 이끌었고, 이 단체의 간부로 뽑혀 소용돌이치던 1960년대에 2년간 활동했다.

　코크는 1966년부터 지방 고등학교에서 철학교수로 재직했으며, 이어서 '소르본대학 근처인 라탱 가에서' 철학교수로 학생들을 가르쳤다.(p.43) 1968년 5월 '계몽, 계시' '동요, 격동'

---

52) 기 코크, 《나에게 무슨 일이 있어났는가? 신앙을 향한 여정 *Que m'est-il arrivé? Un trajet vers la foi*》(파리, 에스프리/쇠이유, 1993) 참조.〔역주〕

'황홀한 전망' 이 갑자기 돌출했다.(p.44) 그의 정신 세계는 그 다음날부터 동요되었다. "68년 5월은 나에게서 교수라는 직책의 신용을 떨어뜨렸다. 나는 이 운동에 참여했다. 나는 고등학생들의 소리에 귀를 기울였다. 나는 이들과 더불어 유토피아에서 살고 있었다"(p.46)라고 후일에 당시의 감회를 적고 있다. 5월 혁명 이후, 다른 철학교수들과 마찬가지로 코크는 마르크스 · 니체 · 프로이트와 같은 철학자들의 사상에 심취했으며 —— "이들은 우리들의 성공 수단이었다."(p.52) —— 이때부터 인문학에 배어 들어갈 철학적 비등에 관심을 갖는다.

하지만 일찍부터 인문학의 공허함이 찾아왔다: "제도 속에서 우리들의 생존을 확신시켜 주는 것과는 거리가 먼, 사회를 복사해 내는 기능을 하는 기계인 학교 제도에 분격한 의식은 우리들의 일에서 모든 개인적 투자를 단념하도록 부추겼다."(p.52) 1969-1975년 사이에 코크는 고등학생들이 새롭게 시위를 할 때마다 감동을 받았으며, 자율 경영의 사회주의에서 자신의 모습을 발견한 후 프랑스민주노동연맹에서 투사로 활동했다. 코크는 프랑스민주노동연맹에서 고등학교를 '좌익 하부 조직' 으로 만들었다는 죄목으로 고발당하기도 했다.

하지만 무엇인가가 코크 자신이 체계 정신, 체계 이론화, 교조주의 이론화의 승리라고 기술한 것에 저항하도록 했다. 심리분석은 코크에게 자동 부정에서 잃어버렸던 자아에 대한 신뢰를 다시 찾도록 해주었다. 좌익의 붕괴는 신속하게 마르크스주의에 대한 재검토와 1970년대말 전체주의에 대한 비평을 따르

게 했다. 새로운 '영감' : 클로드 르포르의 《중량을 초과한 남자》
의 강독은 코크에게 사회가 위대한 '타자'를 갖고 있지 않다는
사실을 확신시켜 줬다. 이어서 모리스 클라벨(p.79)의 '감동적
인 페이지들'의 강독과 모리스 벨레(p.83) 작품의 강독은 마침
내 코크에게 놀랄 만한 사건을 일으켰다. 말하자면 코크는 신앙
생활을 다시 시작했고, '일대의 급변'을 겪는다. 마침내 코크는
신앙을 잊게 되지만 신앙은 여전히 그의 몸 안에 내재하고 있었
다. 코크의 신비론적 이야기는 '(광신적인) 구름을 잡기 위하여
올가미를 짜고 있는' 소년과의 재회에 대한 이야기이다. "나는
내가 기도와 침묵의 믿을 수 없는 만남을 체험한 저녁에 바로 그
순간에 도달했다."(pp.100-101) "얼굴에 십자가의 성호를 다시
그릴 수 있었던 그 순간이 얼마나 뜻밖의 일이었던가?"(P.105)
이때부터 코크는 "신에 대한 욕망은 우리들에게서 무엇이 더욱
고결한 것인지를 표현해 준다"(p.179)는 사실을 인정했다.

　교사 양성 전문학교 시절부터 《에스프리》지의 독자였던 코크
는 1970년대에 폴 티보가 실시한 앙케트에 대답했다. 코크의 답
변은 '기독교 출신 투사'라는 제목으로 1977년 4월호 《에스프
리》(p.59)지에 실렸다. '그의 기독교로의 재개종'에 관한 이야
기는 1986년 4월호 《에스프리》지에 실린 바 있다. 기고가로 변
신한 코크는 이 잡지에서 '재생산의 이데올로기'(《무교와 공화
정》이 1995년 르 펠랭 출판사에서 출간됐다)를 맹렬히 비난하면
서, 기독교주의 안목으로 가정 문제와 결혼 문제를 분석하면서
장 폴 2세의 철학을 통속화했고, 교육 문제의 전문가로도 활동

했다. 코크는 1995년 12월 니콜 노타 지지 호소안에 서명했다. 1997년 7월 1일, 도덕주의에 흠뻑 빠져 버린 코크는 '사회 통합 계약'이란 토론의 중심에서 '사회학자'로서 《리베라시옹》지와의 대담에 개입했다. 코크는 《리베라시옹》지의 대담 토론에서 '결혼 의미 그 자체의 심각한 훼손' '시민 결혼의 국가에 의한 파괴로의 새로운 단계'라고 지적했다.

1995년 12월은 어느 점에서 오늘날 프랑스는 물론 전 세계 지성인들에게 제시된 이슈에 대한 양자택일 앞에서 선택의 원형을 빛보게 한 날이었다. 말하자면 여성 해방이나 전통 질서로의 회귀, 시민과 사회 권리의 증대 또는 범죄 및 외국인 혐오의 축소, 대중 서비스와 사회보장제도의 발전 또는 일반화된 엄격함, 경제 발전 또는 파괴력을 지닌 자본주의 앞에서의 선택을 제시한 날이었다. 만약 분할선이 엄격하게 동일하지 않거나 분야에 따라 완전히 안정적이지 못하다면, 이 분할선은 병행 현상을 드러낼 것이며, 이때부터 논리적인 전략이 요구된다. 보수적인 혁명에 직면하여, 이 '혁명'에 대하여 다소간 확고하며 냉소적인 참여와 필연적으로 경계를 늦추지 않는 비평적인 저항 사이에서의 선택이 놓여 있는 것이다.

8

마지막 장

1995년 12월 프랑스 지성인 세계에 매스미디어가 제공한 이미지는 학문적 제안이 허울뿐일 수 있다는 점에서 단순하게 '허울뿐인' 것만은 아니었다. 매스미디어의 이미지는 축약적이었다. 왜냐하면 이미지는 단일 정치 축 위에 여러 영역의 공간을 투사하며, 가장 가까이에서 일상적인 미디어의 범주를 정의하고 있기 때문이다. 따라서 매스미디어의 이미지는 지성적·학문적 생산물의 구체성, 작품, 이들의 자율적인 평가, 요컨대 공공 생활에서의 지성인들의 개입을 결정하고 정당화시키는 모든 것이 무엇인지를 압축하고 있다. 또한 매스미디어의 이미지는 허울뿐이기도 하다. 왜냐하면 매스미디어의 이미지는 오늘날 지성인 행동의 결정적인 영역, 즉 지성인의 행동 방향의 생성에 참여하는 매스미디어와 기자들의 존재를 모호하게 하고, 또한 소수의 친미디어적인 지성인들의 헤게모니를 통해 권력에 가장 가까운 자립적이지 못한 지성인들에게 할당된 우선권을 모호한 채로 내버려두기 때문이다. 이미지는 이 이미지가 서로 구별되고 부분적으로 대립하고 있는 두 탄원의 명백함에 바탕을 두면서 두 '진영'을 대립시킬 때 진실하지도 위선적이지도 않다. 우리가 제시한 바와 같이 정치적·전략적 의미에서의 양 진영이 아닌, 12월의 정세 속에서 지성인들의 두 정의 사이의 대립 형태가 더욱 중요한 것이다. 즉 개혁 호소안은 경제·정치·관료·매스미디어의 권력에 좀더 가까운 형태이며, 파업 호소안은 학문적·투사적 합법성 사이에서 고뇌한 좀더 자율적인 형태로 볼 수 있다.

더욱이 이 개개의 축들은 그 자체로 서로 구별되는 하위 공간을 이룬다. '지성인들의 각성'과 지성인들의 두 '진영,' '전문가' 진영과 '같은 길을 가는 새로운 동지'의 진영(그런데 이들의 투쟁은 '정치적' 대립이라는 원칙에 근거한다)으로의 분리라는 미디어의 주제는 따라서 제1의 결과로 탄원이라는 게임에 참여하는 모든 사람들에게 지성인이라는 타이틀을 부여하는 공헌을 했다. 지성인들이 문화적 생산 영역에서 차지하고 있는 다양한 입장이나 이들이 소유하고 있는 자원, 이들의 역할, 즉 학자, 참여학자, 미디어 분야의 어정쩡한 학자, 개혁가-전문가 등등에 속하는지의 여부는 은폐된 상황이었다. 이렇게 함으로써 미디어의 주제는 누가 합법적으로 '지성인'이라는 칭호를 부여받을 수 있는지, 또는 있는 그대로 호칭해야 할지를 결정하는 것을 목표로 하는 지성인 정의에 대한 투쟁을 은폐했다. 하지만 이와 같은 이원성에 대한 비전은 보급의 완전 독점권을 쥐고 있는 기자들에 의해 분할되고 유포된 비전이 이론의 여지없이 사회적 파급 효과를 만들어 낸다는 사실에서 완전하게 현실을 배제한 것은 아니었다. 위기 상황에서 입장 표명의 '정치적' 공식화는 연설과 행위 사이에서, 나눠진 시간과 장소에서 습관적으로 행해 온 연설 사이에서 '일관성'이라는 부차적인 제약과 '정치적으로' 자신의 편향을 드러내야 하는 의무를 가져왔다.

이러한 사실에서 여러 가지 교훈을 끌어낼 수 있다. 우선 지성인들의 사회학은(사회학이 실행하고 있는 모든 관찰과 단절의 테크닉과 더불어) 지성적 행위에 새로운 효율성을 제공할 수 있다. 실제로 사회학은 표식 투쟁의 수사학적 견고함에서 벗어날 수 있게 한다. 아울러 지성인들에게 이들의 존재와 이들이 행동하는 것에 대하여 가장 훌륭한 의식을 제공함으로써 실제로 현실적인 행동의 자유를 증대시켜 준다. 비록 이것이 상상적이고 몽환적인 자유의 상실에 대한 대가라고 하더라도. 다른 한편으로는 지성의 영역에 대한 미디어 세계의 증대된 영향력에 대한 확인이 무기력한 감정으로 변질되어서는 안 된다는 사실이다. 즉 메커니즘의 인식은(이 메커니즘을 통하여 영향력이 발생하며, 이러한 영향력과 미디어의 간섭이 만날 수 있는 영향력에 대한 인식이 일어난다) (예컨대 학문적·지성적 자율성에서, 그리고 이 자율성을 바탕으로 하는 상징적 자본의 현실적인 효율성과 더불어) 권력과 투쟁하고, 동시에 권력에 기대기 위해서 매스미디어로부터 용인되고 변형된 권력을 취하는 이성적 전략을 띤 공동 작업을 부추길 것이다. 이런 관점에서 지성인들이 공동의 자립적인 힘으로 거듭나기 위해서는 여전히 해야 할 일이 많다.

《에스프리》지의 측근들과 지도자들의 아주 눈에 띄는 탄원에의 개입과, 특히 '생-시몽재단' 회원들은——아주 다양하고 복잡한 방식으로——아주 긴 역사를 자랑하는 유행에 편승한 셈이었다. 이러한 탄원에의 개입은 좀더 광범위한 보수적인 복구 운동의 규모였지만 효율적으로 운동에 참여할 수 있었으며, 이 운동의 '전위대'는 미국이었다. 이러한 운동은 1960년대말 이후부터 프랑스와 전 세계에서 지성 및 정치의 장에 큰 영향을 끼쳐 왔다. 미국의 신보수주의인 두뇌집단(Think Tank)과는 달리 이 그룹들은 때로는 자신들을 온전한 의식에서 '좌파'로 생각하고 있으며, 특히 이들의 《에스프리》지나 《르 누벨 옵세르바퇴르》지와 같이 전통적으로 좌파로 인식되어 온 기관과의 연합이 자신들을 좌파로 인식하는 데 공헌해 온 것처럼 골수 좌파의 성향을 보였다. 이처럼 이들은 드레퓌스 사건 이후 이 그룹에 각인되어 온 권위를 왜곡시키면서, 몇 년 전부터 '경제학'이라는 이름으로 신-자유주의와 '개인주의 사회에서 방향을 다시 설정해야 한다는' 필요성이라는 이름으로 도덕적 보수주의를 지성인들의 새로운 참여철학으로 만드는 일에 착수하였다. 이들의 전략은 그때까지도 유효했으며, 때론 복고주의를 참조하기도 하고, 또 때론 시대에 뒤떨어진 정치적 범주로부터 다소간 암암리에 이루어지는 분열을 겪기도 했다(보수주의자/진보주의자, 좌파/우파……). 이러한 과정의 결정적인 요인, 즉 좌파 조직에 뿌리를 두고 있는 지성인들(전 공산당원, 그 다음 세대에서는 전 공산당원들에 의해 호선되고 있는 전 좌파 당원, 전 노조원)의 경제적·정치적·행정적인 권력 세계로의 방향 전환은, 지성인들이 '중심을 다시 잡는 데' 공헌했던 여러 보수 집단뿐만 아니라 '사회당'과 '프랑스민주노동연맹'의 이해 관계와 충돌하였다. 말하자면 좌파 사람들이 마르크스와 폴포트 정권, 사회주의와 소비에트 연방주의(또는 '전체주의'), 사회적 지식의 옹호와 특권 계급에 대한 보수적인 애착을 동일시하면서 우파적인 연설을 할 능력이 있을 때, 대담한 진보주의자의 정상은 흔들리게 마련이다.

이러한 복구 운동은 프랑스에서 신기한 힘을 얻었다. 왜냐하면 이 운동은 무엇보다도 신문과 **TV** 같은 사상 전달 수단과 정보 전달 수단이라는 강력한 무기에 의존했기 때문이다. 이렇게 방향 전환한 지성인들이 자신들의 이러한 행위를 1968년 5월을 통하여 대중화된 혁명 지양의 최종 형태로 만들 수 있었던 것은 바로 매스미디어란 수단을 통해서이다. 12월의 배우들 중에서 이러한 '지성인들은' 니콜 노타의 입장에 서서, 마치 공기업 자금을 사기업 재정 자본으로 상속하는 것처럼 '금기 사항' 타파의 극치를 발견했다. 이 지성인들은 일부의 지성인들에게만 한정된 일이긴 하지만 1960년대부터 오랜 행진을 계속해 왔으며, 이러한 오랜 행진은 이들을 노동자에 의한 조합 관리(니콜 노타를 지지한 많은 서명자들은 사회민주주의 발기인들이었다)에서부터 ('시민') 기업의 관리는 물론 ('좌파') 내각을 비롯하여 ('개혁') 정부위원회에까지 참여하게 했다. 아울러 이들은 명백하게 민주 노동자 운동이 나아갈 수 있는 방향에 대한 예증으로 간주되는 솔리다르노스크에 대한 지지로부터 사회 계급 종말에 대한 확고한 확립을 비롯하여 노동자 세계, 봉급 노동에서부터 최종적으로는 너무 큰 부담이 되어버린 사회보장제도와 노동 시장의 '지나친 경직'에 대한 재검토에 이르기까지에 참여하는 오랜 행진을 계속해 왔다. 그 사이 일부 지성인들은 걸프전에서 좌파의 '금기 사항'으로부터 벗어날 수 있는 새로운 변화를 지지할 수 있는 기회, 즉 '지구 수비대'란 보호 아래 좌파 지도자들이 참여할 수 있는 기회를 찾았다. 아울러 이들 지성인들은 다른 많은 '국제 분쟁'에서 무엇보다도 도덕적 입장을 재확인할 수 있는 수단을 발견했다. 이렇게 해서 프랑스 지성인들은 유고슬라비아 내전, 팔레스타인 전쟁, 르완다 내전에 개입하게 되었다. 아울러 미디어적으로 주권을 장악한 이 '지성인들'은 비합리주의, 민족주의, 교조주의, 극단적 공산주의나 파시스트에서 기인한 '국가적' 위기와 국제 조직과 다국적 회사의 인적 교류를 통하여 촉진된 신자유주의 복원 문제에 관해서는 큰 관심을 보이지 않는다. 하지만 이것은 당연한 일이다. 왜냐하면 자신들의 시평(기사), 사설·인터뷰·책을 통하여 이러한 복원을 추구하는 배우들인 이 그룹의 지성인들은 어려움 없이 분개를 혼자서 독차지하길 원하며, 우파에게 좌파가 항상 꿈꿔 왔던 좌파를 제공하려고 하기 때문이다.

약어 목록

AC!: 실업퇴치국민행동

AIDES: 에이즈퇴치운동연합

AFP: 프랑스통신사

ARESER: 고등 교육 및 연구심의위원회

CAP: 진보적 교체를 위한 협약

CISIA: 알제리 지성인을 지지하는 국제위원회

CFDT: 프랑스민주노동연맹

CGT: 노동총연맹

CNPF: 프랑스경영자전국연합회

CNRS: 국립과학연구소

CSEC: 문화·교육사회학연구소

CSG: 일반화된 사회적 기부(공헌)

CSU: 도시의 문화와 사회(전 도시사회학연구소)

DAL: 거주권리

EDF: 프랑스전력공사

EHESS: 고등사회과학원

ENA: 국립행정학교

ENS: 에콜 노르말(파리고등사범학교)

FMI: 국제통화기금

FO: 노동자의 힘

FSU: 통일노조연합

GEDISST: 노동의 사회적·성적 분과연구그룹

HEC: 고등상업전문학교

IEP: 정치학연구소

INED: 국립인구학연구소

INSEE: 국립통계경제연구소

IRM: 마르크스연구소('마르크스공간' 으로 개명)

JEC: 기독교청년학생연맹

LCI: 24시간 TV 정보 채널

LCR: 공산당혁명연맹

LERSCO: 노동자연구소(낭트 시 소재)

MDC: 시민운동

OFCE: 프랑스경제정세관측소

PC, PCF: 프랑스공산당

PS: 사회당

PSU: 통합사회당

RESSY: 노조운동연구

RPR: 공화국연합

SGEN: 교육일반노조

SNCF: 프랑스국철

SNES: 중등교육노조

SNESup: 고등교육노조

SPRAT: 현대화에 반대하는 시민연대

SUD: 민주통일연대

UGE: 그랑제콜학생연맹

UNEF: 프랑스전국학생연맹

UNIOPSS: 사립보건위생전국연합

X: 에콜 폴리테크니크(파리이공과대학)

색 인

가타리 Guattari, Félix   51

《경제와 휴머니즘 Économie et
  Humanisme》   34

고세 Gauchet, Marcel   34,36,64

고프만 Goffman   87

골리에 Gaullier, Xavier   134

《공산당 만세 Vive le Communisme》
  114

《국가의 귀족 계급 La noblesse
  d'État》   82

네르 Naïr, Sami   98

노라 Norat, Pierre   9,34,63,64

노타 Notat, Nocole   18,31,41,47,60,89,
  105,142,147

니체 Nietzsche, Friedrich Wilhelm
  140

《대(大)거절 Le grand refus》   137

《대(大)덕목 개론 Petit Traité des
  grandes vertus》   109

《대혁명 만세 Vive la Révoluton》
  114

데로지에르 Desrosière   91

데리다 Derrida, Jacques   106,122,123,
  126

데지르 Désir, Harlem   49,87

델피 Delphy, Christine   52

동즐로 Donzelot, Jacques   36,122,123

뒤베 Dubet, François   16,87,91

뒤푸르크 Dufourcq, Nicolas   78,79

드 싱글리 de Singly   91

드레 Dray, Julien   48

드브레 Debray, Régis   98,138

드페르 Defert, Daniel   57

들로르 Delors, Jacques   20,21,42,61,
  131

《라 크루아 La Croix》   56

라란 Lalane, Francis   98

라빌 Laville, Jean-Louis   87,131,134

라크루아 Lacroix, Bernard   115

《레 자날 Les Annales》   63

《레 제코 Les Échos》   62,97,98

《레 탕 모데른 Les Temps
  Modernes》   52,63

《레벤느망 뒤 죄디 L'Événement du
  Jeudi》   107,110

레비 Lévy, Bernard-Henri   108

레비 Lévy, Catherine   44,48,50,72,75,
  79

레쉬 Lechi, Didier   52,93

《렉스프레스 L'Express》   61,115

로랑 Laurent, Françoise   52

로망 Roman, Joël   20,21,22,25,26,31,
  32,36,55,56,107,118

로시뇰 Rossignol, Laurence   44,48

로장발롱 Rosanvalon, Pierre   9,21,26,
  59,61,62,78,79,81,88,105,122,123,128,
  129,130

로카르 Rocard, Michel   26,131,135

롤스 Rawls, John　36
루스탕 Roustang, Guy　87,131,134
《루즈 *Rouge*》　106
룰타비유 Rouletabille　48
《뤼마니테 *L'Humanité*》　97,101,103,
　113,115
《르 누벨 옵세르바퇴르 *Le Nouvel
　Observateur*》　8,9,16,26,37,59,107
《르 데바 *Le Débat*》　8,34,35,62,63,64,
　66,67,69,70,87
《르 몽드 *Le Monde*》　10,23,50,51,52,
　58,60,62,75,87,93,95,96,97,98,99,104,
　105,106,107,108,111,113,114,121
《르 푸앵 *Le Point*》　107,108,110
《르 피가로 *Le Figaro*》　59,64,102,103,
　117
《르뷔 뒤 모스 *Revue du MAUSS*》
　134
르포르 Lefort, Claude　141
《리베라시옹 *Libération*》　16,21,60,
　105,107,142
《리베르 *Liber*》　82
리오 사르세 Riot-Sarcey, Michèle
　44,48
리쾨르 Ricoeur, Paul　36,65,122,123
마르크스 Marx, Karl　45,140,147
말러 Maler, Henri　44,48
맹크 Minc, Alain　58,102,108
메르 Maire, Edmond　26,135
메를로 퐁티 Merleau-Ponty, Maurice
　52
모랭 Morin, Edgar　108
모제 Mauger, Gérard　42,52,82
모테 Mothé, Daniel　134
몽쟁 Mongin, Olivier　21,31,32,33,35,

　36,37,38,39,40,41,55,56,62,88,100,115
무아노 Moynot, Jean-Louis　52
미테랑 Mittérand, François　23,45,131
밀스 Mills, Catherine　117,132
바니쉬 Wahnich, Sophie　44,48,115
바르탕 Vartang　48
바스티드 Bastide, Jean　57
바크리 Bacri, Jean-Pierre　98
발리바르 Balibar, Étienne　52,122,123
베게 Beguet, Maguy　48
베레고브와 Bérégovoy　131
벤사이드 Bensaïd, Daniel　51,107,
　115,122,123
벨레 Bellet, Maurice　141
보카라 Boccara, Paul　52
볼탕스키 Boltanski　122,123
부레츠 Bouretz, Pierre　36
부르디외 Bourdieu, Pierre　49,50,51,
　52,64,75,79,80,81,82,83,84,85,87,90,93,
　106,107,113,114,117,122,123,126,136
《불평등의 새로운 시대 *Le nouvel
　âge des inégalités*》　21,78
뷔에야 Vuaillat, Monique　93
브노 Benot, Yves　44,45,48
브렝 Brunhes, Bernard　127,131
브로만 Brauman, Rony　115,129
브로벨리 Brovelli, Lydia　52
블라디 Vlady, Marina　51,98
비노크 Winock, Michel　105
비달 나케 Vidal-Naquet, Pierre　91,
　106,115,122,123
비아네 Vianet, Louis　52
비에비오르카 Wieviorka, Michel
　16,122,123,137
사르트르 Sartre, Jean-Paul　8,52,

64,82

《사회 비평 *Critiques Sociales*》 51,74

《사회과학 연구 *Actes de la Recherche en Siences Sociales*》 63,80

《상속인들 *Les héritiers*》 81

《상식 *Le sens commun*》 80

생토메르 Sintomer, Yves 44,48

샤를 Charle, Christophe 9,117

《세계의 비참 *La Misère du Monde*》 79,82

세르토 Certeau, Michel de 32

세브 Sève, Lucien 126

《쉬드-웨스트 *Sud-Ouest*》 60

쉬르뒤 Surduts, Maya 45,48

슈바르첸베르 Schwartzenberg, Léon 79,98

스타스 Stasse, François 34

슬라마 Slama, Alain-Gérard 117

《신(新)사회 문제 *Nouvelle Question sociale*》 59

아네몬 Anémone 98

아롱 Aron, Raymond 8,62

아즈나르 Aznar, Guy 87,131,134

《악튀엘 마르크스 *Actuel Marx*》 73

알타브 Althabe 91

《앵포마탱 *InfoMatin*》 16

에뱅 Evin, Claude 20

《에스프리 *Esprit*》 8,20,21,22,26,31,32, 33,34,35,36,37,38,40,41,42,47,55,58,61, 62,63,65,66,71,85,86,87,88,91,99,100,107 ,117,139,141,146

《에튀드 *Étude*》 34,62

엘리아스 Élias, Norbert 38

엠 Eme, Bernard 131,134

《오주르디 *Aujourd'hui*》 128

올리벤 Olivennes, Denis 34,78,79,127

《이미지의 폭력 *La violence des images*》 39,40

《이미지의 폭력, 또는 어떻게 그 폭력을 제거할 수 있는가? *La violence des images ou comment s'en débarrasser?*》 37

《일요 신문 *Journal du Dimanche*》 65

자로 Jarreau, Patrick 23

자카르 Jacquard, Albert 79

족스 Joxe 91

《중량을 초과한 남자 *Un homme en trop*》 141

쥐캥 Juquin, Pierre 126

쥐페 Juppé, Alain 7,47,58,83

쥘리아르 Julliard, Jacques 26,61,108, 115,122,123,128

《증오 *La Haine*》 39

《천부적 살인자 *Tueurs nés*》 39

《출구 *Issues*》 73

카롱 Caron, Nicolas 80,81

카르탕 Cartan, Henri 81

카사노바 Casanova, Jean-Claude 115

카상드르 Cassandre 66

카스텔 Castel, Robert 87

《카이에 뒤 시네마 *Les Cahiers du Cinéma*》 39

케르고아 Kergoat, Danielle 44,48

케르고아 Kergoat, Jacques 22,25,48, 50,72,115

케리엥 Querrien, Ann 51

코르퀴프 Corcuff, Philippe 52,74,90,

91,122,123

《코망테르 *Commentaires*》 62

코스로카바르 Khosrokhavar, Farhad
137

코엔 Cohen, Daniel 131

코크 Coq, Guy 139,140,141,142

《콜렉티프 *Collectif*》 45

콜롱바니 Colombani 57

콩트 스퐁빌 Comte-Sponville, André
109

클라벨 Clavel, Maurice 141

테리 Théry, Michel 57

테브노 Thévenot 91,122,123

토드 Todd, Emmanuel 138

투렌 Touraine, Alain 13,16,26,81,
105,108,115,122,123,128,129,136,137

《트랑스베르살 *Transversales*》 134

트리코 Tricot, Francoise 52

티보 Thibaud, Paul 32,33,141

파가 Pagat, Maurice 57,87,134

《파르타주 *Partage*》 57,58,134

《파리-마치 *Paris-Match*》 107

파비우스 Fabius, Laurent 127

페렌치 Ferenczi, Thomas 111

페로 Pérault, Gilles 98,122,123

《페르 *Faire*》 128

펠테스 Feltesse, Hugues 57

펠티에 Pelletier, Willy 51

포감 Paugam, Serge 87

폴포트 Pol Pot 147

《폴리티스-라 르뷔 *Politis-la
Revue*》 25,45,49

《폴리티크-라 르뷔 *Politique-La
Revue*》 25

푸코 Foucauld, Jean-Baptiste de
59,61

푸코 Foucault, Michel 64,81,82,87

퓌레 Furet, François 9,45,114

《퓌튀르 앙테리외르 *Futur Antérieur*》
45,49,73

《프랑스 사회 *Société française*》 73

《프랑스 지성인 사전 *Dictionnaire
des intellectuels français*》 129

프로이트 Freud, Sigmund 140

《프로제 *Projet*》 34,35,61,87

플레넬 Plennel, Edwy 104,105,106

피투시 Fitoussi, Jean-Paul 21,78,79,
121,131

필로쉬 Filoche, Gérard 44,48,49

《현대 사상 연대기 *Chronique des
Idées contemporaines*》 36

《회의주의에 직면하여 *Face au
Scepticisme*》 41

《후즈 후 *Who's who*》 125,131

역자 후기

아마도 1988년 1월초의 일로 기억된다. 당시 역자는 모 **TV** 방송국의 파리 지사 사무실에서 일할 기회를 얻어 파리에 입성한 지 얼마 되지 않은 때였다. 신년초의 새로운 다짐을 하며 몽파르나스에 위치한 사무실로 향하던 중 역자는 거리에서 마주친 시위대로 인해 한참을 기다려야 했다. 고국에서의 연일 계속된 시위에 식상해 있던 터라 역자에게 이러한 시위쯤은 고국에 비하면 새 발의 피쯤으로 간주할 수 있었다. 하지만 나 자신도 모르게 이 시위대에 빨려들고 말았다. 시위에 참여하고 있는 사람들이 다름 아닌 흰 가운을 입고 청진기를 목에 건 의사들이었다는 사실 때문이었다. 고국에서는 상상도 할 수 없었던 일이 눈앞에서 벌어지고 있는 것이었다. '의사들도 데모를 하는 참으로 이상한 나라구나' 하는 의아심뿐이었다. 나를 더욱 황당하게 만든 사건은 바로 그 다음날에 일어났다. 시위를 진압해야 할 경찰들이 또 시위를 하는 것이었다.

의사와 경찰이 데모를 하는 나라를 어떻게 이해할 수 있단 말인가? 처음에 이런 프랑스 사회를 이해하기 어려웠지만 파리 생활에 익숙해지면서, 말하자면 엘리제 궁에서부터 파리의 뒷골목, 나아가 프랑스 사회 전체를 가까이에서 보고 접할 수 있는 좋은 기회가 되었다. 그렇지만 '패션과 포도주의 나라' '개성이 강한 나라' '관용의 나라' '연대 의식이 강한 나라' …… 등등의 수많은 수식어로 대변되는 프랑스 사회를 이해하는 데는 참으로 많은 시간과 노력이 필요했다. 언젠가 프랑스의 TV에서 정년을 앞둔 파리대학의 한 사학과 교수의 "이 나이까지 파리에서 태어나 파리에 살고 있는 파리지앵이지만, 아직도 나는 완전히 파리를 알지 못한다"라는 말이 여전히 귓전을 맴도는 이유는 무엇일까?

이 책은 프랑스의 대표적인 사회학자 쥘리앵 뒤발 외 4인이 공동 집필한 《프랑스 지성인들의 '12월' Le 《décembre》 des intellectuels français》(리베르-레종 다지르 출판사, 1998년)이란 책을 번역한 것이다. 말하자면 1995년 11-12월 프랑스에서 대대적으로 일어났던 시위 운동에 대한 프랑스 지성인들의 개입에 대한 입장을 사회학적 관점에서 재검토하고 있는 책이다.

처음 이 책의 번역을 의뢰받고 한참을 망설여야 했다. 왜냐하면 이 책이 나의 전공과는 무관한 프랑스 지성 사회를 진단한 책인지라 섣불리 접근하기가 어려울 것으로 판단되었기 때문이다. 번역은 예상대로 더디게 진행되었다. 단순한 프랑스어 번역으로는 행간에 자리잡은 내용의 파악이 쉽지 않았고, 수없이 등장하는 고유 명사, 즉 프랑스 각계각층의 지성인들의 이름과 노조 · 연구소 · 잡지 · 언론 · 방송 등 프랑스의 현대 지성사를 총망라하는 이름은 번역의 진행에 큰 장애가 되었다. 다행히도 유학 시절 방송국에서 아르바이트하면서 접촉했던 많은 언론 방송과 프랑스 사회에 대한 경험과 이해는 이 책의 번역에 많은 도움이 되었다.

잘 알다시피 프랑스 대혁명 이후 프랑스 국민들은 자유·평등·박애 정신의 구현을 위해 총력을 기울여 왔다. 프랑스 지성인들은 사회 정의가 흔들릴 때마다 앞장서서 '사회 정의'를 외쳐 왔으며, 이런 정신은 파리 대학생들이 주도했던 1968년 5월 혁명을 거쳐, 이 5월 혁명 이후 가장 큰 사회 운동으로 기록되고 있는 1995년 12월의 지성인들의 대대적인 탄원 운동으로 면면히 이어졌다. 대학교의 열악한 수업 환경에 반발하여 파리대학에서 학생 운동으로 처음 출발한 이 시위는 교통노조의 파업, 새로운 사회보장-건강보험 법안과 맞물려 마침내 지성인들의 개혁 동참을 위한 탄원과 시위에의 자발적인 참여를 유도했다.

1995년 12월의 사회 운동 당시 프랑스 지성인 사회는 《에스프리》지와 '생-시몽재단'의 후원을 받던 지성계의 두 거장 조엘 로망·니콜 노타 중심의 개혁안 지지파와 프랑스 학계를 대표하는 부르디외·데리다·케르고아 중심의 파업안 지지파로 양분되었다. 이 양분된 두 지성인 집단은 매스미디어 및 정치 권력과 손을 잡고 자신들의 개혁안 및 탄원안의 합리성을 부각시켰고, 나아가 언론 방송인들을 비롯하여 프랑스 사회의 정의 구현을 주창하는 각종 노조 및 지성인 단체가 합세하여 프랑스의 여론을 주도해 나갔다. 비록 프랑스 지성인 사회가 이처럼 서로 다른 두 그룹으로 양분화되었다 할지라도, 이들은 한결같이 집단적이고 국제적인 참여를 통하여 프랑스의 '사회 정의' 및 '세계의 질서 유지'라는 커다란 목적을 동시에 추구했다. 이처럼 프랑스 지성인들은 사회적 이슈가 등장할 때마다 앞장서서 여론을 주도하고 정부에 대한 탄원과 시위를 조직하여 사회 정의 및 연대 의식을 주장하면서 위대한 프랑스 건설을 외쳐대고 있다. 이것이 바로 프랑스의 저력이며, 미국 주도하의 세계화의 물결 속에서도 자긍심을 지키려는 프랑스의 절대적인 힘의 원천이 아닐까.

언제부터인가 부각되기 시작한 정당 및 노사간의 갈등, 지역 감정, 지성인들의 반지성적인 행동 등을 고려해 볼 때, 이 책은 우리에게 많은 것을 시사해 줄 수 있을 것이다. 예컨대 대통령 탄핵에서 보여 준 여야간의 당리당략, 탄핵안 보도에서 보여 준 언론 방송인들의 편파성에 대한 논란, 연봉 5천만 원 이상 고소득 종사자들의 파업 참여, 행정 수도 이전 등과 같은 커다란 사회 문제들이 이슈화되고 있는 현실에서 우리 사회를 진단하고 사회 정의를 실천해야 할 지성인들의 역할이 무엇이며 얼마나 중요한지 묻지 않을 수 없다.

마침 이라크의 반군에 인질로 잡혀 있는 프랑스 국적의 두 기자들의 무사 귀환을 기원하며, 프랑스의 지성인들이 앞장서서 또다시 대대적인 시위에의 동참을 호소하고 있다는 계속되는 프랑스 라디오 뉴스를 접하면서, 행동하는 프랑스 지성인들을 보며 부끄럽고 부러울 뿐이다.

이 번역서가 미약하나마 한국 지성계를 진단하는 하나의 이정표가 되고, 불의 앞에서 침묵으로 일관하는 지성인들에게 하나의 경종이 되었으면 하는 조그만 바람이다.

마지막으로 프랑스 지성인들의 진정한 사회적 역할을 국내에 소개할 수 있는 장을 마련해 준 동문선 신성대 사장님과 거친 번역을 꼼꼼히 교정해 준 편집진에게 진심으로 감사드린다.

2004년 11월 김영모

김영모
충남대 불어불문학과 및 동대학원 졸업
프랑스 니스대학 박사과정(D.E.A)
프랑스 파리-소르본대학(Paris IV) 문학박사
현재 카이스트(KAIST) 대우교수
저서: 《프랑스 문화와 예술》(공저), 《프랑스 문화》(공저),
《중세 프랑스어 연구》(2003 문화관광부 추천 우수학술도서),
《프랑스어 동사활용 대사전》 등.

현대신서
176

프랑스 지성인들의 '12월'

초판발행 : 2004년 11월 25일

지은이 : 쥘리앵 뒤발 [외]
옮긴이 : 김영모
펴낸곳 : 東文選
제10-64호, 78. 12. 16 등록
110-300 서울 종로구 관훈동 74
전화 : 737-2795

편집설계 : 劉泫兒 李惠允

ISBN 89-8038-514-5 94300
ISBN 89-8038-050-X (세트: 현대신서)

【東文選 現代新書】

1	21세기를 위한 새로운 엘리트	FORESEEN 연구소 / 김경현	7,000원
2	의지, 의무, 자유 — 주제별 논술	L. 밀러 / 이대희	6,000원
3	사유의 패배	A. 핑켈크로트 / 주태환	7,000원
4	문학이론	J. 컬러 / 이은경·임옥희	7,000원
5	불교란 무엇인가	D. 키언 / 고길환	6,000원
6	유대교란 무엇인가	N. 솔로몬 / 최창모	6,000원
7	20세기 프랑스철학	E. 매슈스 / 김종갑	8,000원
8	강의에 대한 강의	P. 부르디외 / 현택수	6,000원
9	텔레비전에 대하여	P. 부르디외 / 현택수	7,000원
10	고고학이란 무엇인가	P. 반 / 박범수	8,000원
11	우리는 무엇을 아는가	T. 나겔 / 오영미	5,000원
12	에쁘롱 — 니체의 문체들	J. 데리다 / 김다은	7,000원
13	히스테리 사례분석	S. 프로이트 / 태혜숙	7,000원
14	사랑의 지혜	A. 핑켈크로트 / 권유현	6,000원
15	일반미학	R. 카이유와 / 이경자	6,000원
16	본다는 것의 의미	J. 버거 / 박범수	10,000원
17	일본영화사	M. 테시에 / 최은미	7,000원
18	청소년을 위한 철학교실	A. 자카르 / 장혜영	7,000원
19	미술사학 입문	M. 포인턴 / 박범수	8,000원
20	클래식	M. 비어드·J. 헨더슨 / 박범수	6,000원
21	정치란 무엇인가	K. 미노그 / 이정철	6,000원
22	이미지의 폭력	O. 몽젱 / 이은민	8,000원
23	청소년을 위한 경제학교실	J. C. 드루엥 / 조은미	6,000원
24	순진함의 유혹〔메디시스賞 수상작〕	P. 브뤼크네르 / 김웅권	9,000원
25	청소년을 위한 이야기 경제학	A. 푸르상 / 이은민	8,000원
26	부르디외 사회학 입문	P. 보네위츠 / 문경자	7,000원
27	돈은 하늘에서 떨어지지 않는다	K. 아른트 / 유영미	6,000원
28	상상력의 세계사	R. 보이아 / 김웅권	9,000원
29	지식을 교환하는 새로운 기술	A. 벵토릴라 外 / 김혜경	6,000원
30	니체 읽기	R. 비어즈워스 / 김웅권	6,000원
31	노동, 교환, 기술 — 주제별 논술	B. 데코사 / 신은영	6,000원
32	미국만들기	R. 로티 / 임옥희	10,000원
33	연극의 이해	A. 쿠프리 / 장혜영	8,000원
34	라틴문학의 이해	J. 가야르 / 김교신	8,000원
35	여성적 가치의 선택	FORESEEN연구소 / 문신원	7,000원
36	동양과 서양 사이	L. 이리가라이 / 이은민	7,000원
37	영화와 문학	R. 리처드슨 / 이형식	8,000원
38	분류하기의 유혹 — 생각하기와 조직하기	G. 비뇨 / 임기대	7,000원
39	사실주의 문학의 이해	G. 라루 / 조성애	8,000원
40	윤리학 — 악에 대한 의식에 관하여	A. 바디우 / 이종영	7,000원
41	흙과 재〔소설〕	A. 라히미 / 김주경	6,000원

42 진보의 미래   D. 르쿠르 / 김영선   6,000원
43 중세에 살기   J. 르 고프 外 / 최애리   8,000원
44 쾌락의 횡포·상   J. C. 기유보 / 김웅권   10,000원
45 쾌락의 횡포·하   J. C. 기유보 / 김웅권   10,000원
46 운디네와 지식의 불   B. 데스파냐 / 김웅권   8,000원
47 이성의 한가운데에서 — 이성과 신앙   A. 퀴노 / 최은영   6,000원
48 도덕적 명령   FORESEEN 연구소 / 우강택   6,000원
49 망각의 형태   M. 오제 / 김수경   6,000원
50 느리게 산다는 것의 의미·1   P. 쌍소 / 김주경   7,000원
51 나만의 자유를 찾아서   C. 토마스 / 문신원   6,000원
52 음악적 삶의 의미   M. 존스 / 송인영   근간
53 나의 철학 유언   J. 기통 / 권유현   8,000원
54 타르튀프 / 서민귀족 〔희곡〕   몰리에르 / 덕성여대극예술비교연구회   8,000원
55 판타지 공장   A. 플라워즈 / 박범수   10,000원
56 홍수·상 〔완역판〕   J. M. G. 르 클레지오 / 신미경   8,000원
57 홍수·하 〔완역판〕   J. M. G. 르 클레지오 / 신미경   8,000원
58 일신교 — 성경과 철학자들   E. 오르티그 / 전광호   6,000원
59 프랑스 시의 이해   A. 바이양 / 김다은·이혜지   8,000원
60 종교철학   J. P. 힉 / 김희수   10,000원
61 고요함의 폭력   V. 포레스테 / 박은영   8,000원
62 고대 그리스의 시민   C. 모세 / 김덕희   7,000원
63 미학개론 — 예술철학입문   A. 셰퍼드 / 유호전   10,000원
64 논증 — 담화에서 사고까지   G. 비뇨 / 임기대   6,000원
65 역사 — 성찰된 시간   F. 도스 / 김미겸   7,000원
66 비교문학개요   F. 클로동·K. 아다-보트링 / 김정란   8,000원
67 남성지배   P. 부르디외 / 김용숙   개정판 10,000원
68 호모사피언스에서 인터렉티브인간으로   FORESEEN 연구소 / 공나리   8,000원
69 상투어 — 언어·담론·사회   R. 아모시·A. H. 피에로 / 조성애   9,000원
70 우주론이란 무엇인가   P. 코올즈 / 송형석   8,000원
71 푸코 읽기   P. 빌루에 / 나길래   8,000원
72 문학논술   J. 파프·D. 로쉬 / 권종분   8,000원
73 한국전통예술개론   沈雨晟   10,000원
74 시학 — 문학 형식 일반론 입문   D. 퐁텐 / 이용주   8,000원
75 진리의 길   A. 보다르 / 김승철·최정아   9,000원
76 동물성 — 인간의 위상에 관하여   D. 르스텔 / 김승철   6,000원
77 랑가쥐 이론 서설   L. 옐름슬레우 / 김용숙·김혜련   10,000원
78 잔혹성의 미학   F. 토넬리 / 박형섭   9,000원
79 문학 텍스트의 정신분석   M. J. 벨멩-노엘 / 심재중·최애영   9,000원
80 무관심의 절정   J. 보드리야르 / 이은민   8,000원
81 영원한 황홀   P. 브뤼크네르 / 김웅권   9,000원
82 노동의 종말에 반하여   D. 슈나페르 / 김교신   6,000원
83 프랑스영화사   J. -P. 장콜라 / 김혜련   8,000원

84 조와(弔蛙)	金敎臣 / 노치준·민혜숙	8,000원
85 역사적 관점에서 본 시네마	J. -L. 뢰트라 / 곽노경	8,000원
86 욕망에 대하여	M. 슈벨 / 서민원	8,000원
87 산다는 것의 의미·1―여분의 행복	P. 쌍소 / 김주경	7,000원
88 철학 연습	M. 아롱델-로오 / 최은영	8,000원
89 삶의 기쁨들	D. 노게 / 이은민	6,000원
90 이탈리아영화사	L. 스키파노 / 이주현	8,000원
91 한국문화론	趙興胤	10,000원
92 현대연극미학	M. -A. 샤르보니에 / 홍지화	8,000원
93 느리게 산다는 것의 의미·2	P. 쌍소 / 김주경	7,000원
94 진정한 모럴은 모럴을 비웃는다	A. 에슈고엔 / 김웅권	8,000원
95 한국종교문화론	趙興胤	10,000원
96 근원적 열정	L. 이리가라이 / 박정오	9,000원
97 라캉, 주체 개념의 형성	B. 오질비 / 김 석	9,000원
98 미국식 사회 모델	J. 바이스 / 김종명	7,000원
99 소쉬르와 언어과학	P. 가데 / 김용숙·임정혜	10,000원
100 철학적 기본 개념	R. 페르버 / 조국현	8,000원
101 맞불	P. 부르디외 / 현택수	10,000원
102 글렌 굴드, 피아노 솔로	M. 슈나이더 / 이창실	7,000원
103 문학비평에서의 실험	C. S. 루이스 / 허 종	8,000원
104 코뿔소 〔희곡〕	E. 이오네스코 / 박형섭	8,000원
105 지각―감각에 관하여	R. 바르바라 / 공정아	7,000원
106 철학이란 무엇인가	E. 크레이그 / 최생열	8,000원
107 경제, 거대한 사탄인가?	P. -N. 지로 / 김교신	7,000원
108 딸에게 들려 주는 작은 철학	R. 시몬 셰퍼 / 안상원	7,000원
109 도덕에 관한 에세이	C. 로슈·J. -J. 바레르 / 고수현	6,000원
110 프랑스 고전비극	B. 클레망 / 송민숙	8,000원
111 고전수사학	G. 위딩 / 박성철	10,000원
112 유토피아	T. 파코 / 조성애	7,000원
113 쥐비알	A. 자르댕 / 김남주	7,000원
114 증오의 모호한 대상	J. 아순 / 김승철	8,000원
115 개인―주체철학에 대한 고찰	A. 르노 / 장정아	7,000원
116 이슬람이란 무엇인가	M. 루스벤 / 최생열	8,000원
117 테러리즘의 정신	J. 보드리야르 / 배영달	8,000원
118 역사란 무엇인가	존 H. 아널드 / 최생열	8,000원
119 느리게 산다는 것의 의미·3	P. 쌍소 / 김주경	7,000원
120 문학과 정치 사상	P. 페티티에 / 이종민	8,000원
121 가장 아름다운 하나님 이야기	A. 보테르 外 / 주태환	8,000원
122 시민 교육	P. 카니베즈 / 박주원	9,000원
123 스페인영화사	J.- C. 스갱 / 정동섭	8,000원
124 인터넷상에서―행동하는 지성	H. L. 드레퓌스 / 정혜욱	9,000원
125 내 몸의 신비―세상에서 가장 큰 기적	A. 지오르당 / 이규식	7,000원

126 세 가지 생태학   F. 가타리 / 윤수종   8,000원
127 모리스 블랑쇼에 대하여   E. 레비나스 / 박규현   9,000원
128 위뷔 왕 〔희곡〕   A. 자리 / 박형섭   8,000원
129 번영의 비참   P. 브뤼크네르 / 이창실   8,000원
130 무사도란 무엇인가   新渡戶稻造 / 沈雨晟   7,000원
131 꿈과 공포의 미로 〔소설〕   A. 라히미 / 김주경   8,000원
132 문학은 무슨 소용이 있는가?   D. 살나브 / 김교신   7,000원
133 종교에 대하여—행동하는 지성   존 D. 카푸토 / 최생열   9,000원
134 노동사회학   M. 스트루방 / 박주원   8,000원
135 맞불 · 2   P. 부르디외 / 김교신   10,000원
136 믿음에 대하여—행동하는 지성   S. 지제크 / 최생열   9,000원
137 법, 정의, 국가   A. 기그 / 민혜숙   8,000원
138 인식, 상상력, 예술   E. 아카마츄 / 최돈호   근간
139 위기의 대학   ARESER / 김교신   10,000원
140 카오스모제   F. 가타리 / 윤수종   10,000원
141 코란이란 무엇인가   M. 쿡 / 이강훈   9,000원
142 신학이란 무엇인가   D. 포드 / 강혜원 · 노치준   9,000원
143 누보 로망, 누보 시네마   C. 뮈르시아 / 이창실   8,000원
144 지능이란 무엇인가   I. J. 디어리 / 송형석   근간
145 죽음—유한성에 관하여   F. 다스튀르 / 나길래   8,000원
146 철학에 입문하기   Y. 카탱 / 박선주   8,000원
147 지옥의 힘   J. 보드리야르 / 배영달   8,000원
148 철학 기초 강의   F. 로피 / 공나리   8,000원
149 시네마토그래프에 대한 단상   R. 브레송 / 오일환 · 김경온   9,000원
150 성서란 무엇인가   J. 리치스 / 최생열   근간
151 프랑스 문학사회학   신미경   8,000원
152 잡사와 문학   F. 에브라르 / 최정아   근간
153 세계의 폭력   J. 보드리야르 · E. 모랭 / 배영달   9,000원
154 잠수복과 나비   J. -D. 보비 / 양영란   6,000원
155 고전 할리우드 영화   J. 나카시 / 최은영   10,000원
156 마지막 말, 마지막 미소   B. 드 카스텔바자크 / 김승철 · 장정아   근간
157 몸의 시학   J. 피죠 / 김선미   근간
158 철학의 기원에 관하여   C. 콜로베르 / 김정란   8,000원
159 지혜에 대한 숙고   J. -M. 베스니에르 / 곽노경   8,000원
160 자연주의 미학과 시학   조성애   10,000원
161 소설 분석—현대적 방법론과 기법   B. 발레트 / 조성애   10,000원
162 사회학이란 무엇인가   S. 브루스 / 김경안   근간
163 인도철학입문   S. 헤밀턴 / 고길환   근간
164 심리학이란 무엇인가   G. 버틀러 · F. 맥마누스 / 이재현   근간
165 발자크 비평   J. 줄레즈 / 이정민   근간
166 결별을 위하여   G. 마츠네프 / 권은희 · 최은희   근간
167 인류학이란 무엇인가   J. 모나건 外 / 김경안   근간

168 세계화의 불안　　　　　　　Z. 라이디 / 김종명　　　　8,000원
169 음악이란 무엇인가　　　　　N. 쿡 / 장호연　　　　　10,000원
170 사랑과 우연의 장난 〔희곡〕　마리보 / 박형섭　　　　　근간
171 사진의 이해　　　　　　　　G. 보레 / 박은영　　　　　근간
172 현대인의 사랑과 성　　　　　현택수　　　　　　　　　9,000원
173 성해방은 진행중인가?　　　　M. 이아퀴브 / 권은희　　근간
174 교육은 자기 교육이다　　　　H. -G. 가다머 / 손승남　10,000원
175 밤 끝으로의 여행　　　　　　L. -F. 쎌린느 / 이형식　19,000원
176 프랑스 지성인들의 '12월'　　J. 뒤발 外 / 김영모　　　10,000원
300 아이들에게 설명하는 이혼　　P. 루카스 · S. 르로이 / 이은민　8,000원
301 아이들에게 들려주는 인도주의　J. 마무 / 이은민　　　　근간
302 아이들에게 설명해 주는 죽음　E. 위스망 페렝 / 김미정　근간
303 아이들에게 들려주는 선사시대 이야기　J. 클로드 / 김교신　8,000원
304 아이들에게 들려주는 이슬람 이야기　T. 벤 젤룬 / 김교신　8,000원

【東文選 文藝新書】

1 저주받은 詩人들　　　　　　　A. 뻬이르 / 최수철 · 김종호　개정근간
2 민속문화론서설　　　　　　　　沈雨晟　　　　　　　　　40,000원
3 인형극의 기술　　　　　　　　A. 훼도토프 / 沈雨晟　　8,000원
4 전위연극론　　　　　　　　　　J. 로스 에반스 / 沈雨晟　12,000원
5 남사당패연구　　　　　　　　　沈雨晟　　　　　　　　　19,000원
6 현대영미희곡선(전4권)　　　　　N. 코워드 外 / 李辰洙　　절판
7 행위예술　　　　　　　　　　　L. 골드버그 / 沈雨晟　　절판
8 문예미학　　　　　　　　　　　蔡 儀 / 姜慶鎬　　　　　절판
9 神의 起源　　　　　　　　　　何 新 / 洪 憙　　　　　16,000원
10 중국예술정신　　　　　　　　徐復觀 / 權德周 外　　　24,000원
11 中國古代書史　　　　　　　　錢存訓 / 金允子　　　　14,000원
12 이미지 — 시각과 미디어　　　J. 버거 / 편집부　　　　12,000원
13 연극의 역사　　　　　　　　　P. 하트놀 / 沈雨晟　　　절판
14 詩 論　　　　　　　　　　　　朱光潛 / 鄭相泓　　　　22,000원
15 탄트라　　　　　　　　　　　A. 무케르지 / 金龜山　　16,000원
16 조선민족무용기본　　　　　　최승희　　　　　　　　　15,000원
17 몽고문화사　　　　　　　　　D. 마이달 / 金龜山　　　8,000원
18 신화 미술 제사　　　　　　　張光直 / 李 徹　　　　10,000원
19 아시아 무용의 인류학　　　　宮尾慈良 / 沈雨晟　　　20,000원
20 아시아 민족음악순례　　　　藤井知昭 / 沈雨晟　　　5,000원
21 華夏美學　　　　　　　　　　李澤厚 / 權 瑚　　　　20,000원
22 道　　　　　　　　　　　　　張立文 / 權 瑚　　　　18,000원
23 朝鮮의 占卜과 豫言　　　　　村山智順 / 金禧慶　　　15,000원
24 원시미술　　　　　　　　　　L. 아담 / 金仁煥　　　　16,000원
25 朝鮮民俗誌　　　　　　　　　秋葉隆 / 沈雨晟　　　　12,000원
26 神話의 이미지　　　　　　　J. 캠벨 / 扈承喜　　　　근간

27	原始佛敎	中村元 / 鄭泰爀	8,000원
28	朝鮮女俗考	李能和 / 金尙憶	24,000원
29	朝鮮解語花史(조선기생사)	李能和 / 李在崑	25,000원
30	조선창극사	鄭魯湜	17,000원
31	동양회화미학	崔炳植	18,000원
32	性과 결혼의 민족학	和田正平 / 沈雨晟	9,000원
33	農漁俗談辭典	宋在璇	12,000원
34	朝鮮의 鬼神	村山智順 / 金禧慶	12,000원
35	道敎와 中國文化	葛兆光 / 沈揆昊	15,000원
36	禪宗과 中國文化	葛兆光 / 鄭相泓·任炳權	8,000원
37	오페라의 역사	L. 오레이 / 류연희	절판
38	인도종교미술	A. 무케르지 / 崔炳植	14,000원
39	힌두교의 그림언어	안넬리제 外 / 全在星	9,000원
40	중국고대사회	許進雄 / 洪熹	30,000원
41	중국문화개론	李宗桂 / 李宰碩	23,000원
42	龍鳳文化源流	王大有 / 林東錫	25,000원
43	甲骨學通論	王宇信 / 李宰碩	40,000원
44	朝鮮巫俗考	李能和 / 李在崑	20,000원
45	미술과 페미니즘	N. 부루드 外 / 扈承喜	9,000원
46	아프리카미술	P. 윌레뜨 / 崔炳植	절판
47	美의 歷程	李澤厚 / 尹壽榮	28,000원
48	曼茶羅의 神들	立川武藏 / 金龜山	19,000원
49	朝鮮歲時記	洪錫謨 外/李錫浩	30,000원
50	하 상	蘇曉康 外 / 洪熹	절판
51	武藝圖譜通志 實技解題	正 祖 / 沈雨晟·金光錫	15,000원
52	古文字學첫걸음	李學勤 / 河永三	14,000원
53	體育美學	胡小明 / 閔永淑	10,000원
54	아시아 美術의 再發見	崔炳植	9,000원
55	曆과 占의 科學	永田久 / 沈雨晟	8,000원
56	中國小學史	胡奇光 / 李宰碩	20,000원
57	中國甲骨學史	吳浩坤 外 / 梁東淑	35,000원
58	꿈의 철학	劉文英 / 河永三	22,000원
59	女神들의 인도	立川武藏 / 金龜山	19,000원
60	性의 역사	J. L. 플랑드렝 / 편집부	18,000원
61	쉬르섹슈얼리티	W. 챠드윅 / 편집부	10,000원
62	여성속담사전	宋在璇	18,000원
63	박재서희곡선	朴栽緒	10,000원
64	東北民族源流	孫進己 / 林東錫	13,000원
65	朝鮮巫俗의 硏究(상·하)	赤松智城·秋葉隆 / 沈雨晟	28,000원
66	中國文學 속의 孤獨感	斯波六郎 / 尹壽榮	8,000원
67	한국사회주의 연극운동사	李康列	8,000원
68	스포츠인류학	K. 블랑챠드 外 / 박기동 外	12,000원

69 리조복식도감	리팔찬	20,000원
70 娼 婦	A. 꼬르벵 / 李宗旼	22,000원
71 조선민요연구	高晶玉	30,000원
72 楚文化史	張正明 / 南宗鎭	26,000원
73 시간, 욕망, 그리고 공포	A. 코르뱅 / 변기찬	18,000원
74 本國劍	金光錫	40,000원
75 노트와 반노트	E. 이오네스코 / 박형섭	20,000원
76 朝鮮美術史硏究	尹喜淳	7,000원
77 拳法要訣	金光錫	30,000원
78 艸衣選集	艸衣意恂 / 林鍾旭	20,000원
79 漢語音韻學講義	董少文 / 林東錫	10,000원
80 이오네스코 연극미학	C. 위베르 / 박형섭	9,000원
81 중국문자훈고학사전	全廣鎭 편역	23,000원
82 상말속담사전	宋在璇	10,000원
83 書法論叢	沈尹默 / 郭魯鳳	16,000원
84 침실의 문화사	P. 디비 / 편집부	9,000원
85 禮의 精神	柳 肅 / 洪 熹	20,000원
86 조선공예개관	沈雨晟 편역	30,000원
87 性愛의 社會史	J. 솔레 / 李宗旼	18,000원
88 러시아미술사	A. I. 조토프 / 이건수	22,000원
89 中國書藝論文選	郭魯鳳 選譯	25,000원
90 朝鮮美術史	關野貞 / 沈雨晟	30,000원
91 美術版 탄트라	P. 로슨 / 편집부	8,000원
92 군달리니	A. 무케르지 / 편집부	9,000원
93 카마수트라	바쨔야나 / 鄭泰爀	18,000원
94 중국언어학총론	J. 노먼 / 全廣鎭	28,000원
95 運氣學說	任應秋 / 李宰碩	15,000원
96 동물속담사전	宋在璇	20,000원
97 자본주의의 아비투스	P. 부르디외 / 최종철	10,000원
98 宗敎學入門	F. 막스 뮐러 / 金龜山	10,000원
99 변 화	P. 바츨라빅크 外 / 박인철	10,000원
100 우리나라 민속놀이	沈雨晟	15,000원
101 歌訣(중국역대명언경구집)	李宰碩 편역	20,000원
102 아니마와 아니무스	A. 융 / 박해순	8,000원
103 나, 너, 우리	L. 이리가라이 / 박정오	12,000원
104 베케트연극론	M. 푸크레 / 박형섭	8,000원
105 포르노그래피	A. 드워킨 / 유혜련	12,000원
106 셸 링	M. 하이데거 / 최상욱	12,000원
107 프랑수아 비용	宋 勉	18,000원
108 중국서예 80제	郭魯鳳 편역	16,000원
109 性과 미디어	W. B. 키 / 박해순	12,000원
110 中國正史朝鮮列國傳(전2권)	金聲九 편역	120,000원

111	질병의 기원	T. 매큐언 / 서 일 · 박종연	12,000원
112	과학과 젠더	E. F. 켈러 / 민경숙 · 이현주	10,000원
113	물질문명 · 경제 · 자본주의	F. 브로델 / 이문숙 外	절판
114	이탈리아인 태고의 지혜	G. 비코 / 李源斗	8,000원
115	中國武俠史	陳 山 / 姜鳳求	18,000원
116	공포의 권력	J. 크리스테바 / 서민원	23,000원
117	주색잡기속담사전	宋在璇	15,000원
118	죽음 앞에 선 인간(상 · 하)	P. 아리에스 / 劉仙子	각권 8,000원
119	철학에 대하여	L. 알튀세르 / 서관모 · 백승욱	12,000원
120	다른 곳	J. 데리다 / 김다은 · 이혜지	10,000원
121	문학비평방법론	D. 베르제 外 / 민혜숙	12,000원
122	자기의 테크놀로지	M. 푸코 / 이희원	16,000원
123	새로운 학문	G. 비코 / 李源斗	22,000원
124	천재와 광기	P. 브르노 / 김웅권	13,000원
125	중국은사문화	馬 華 · 陳正宏 / 강경범 · 천현경	12,000원
126	푸코와 페미니즘	C. 라마자노글루 外 / 최 영 外	16,000원
127	역사주의	P. 해밀턴 / 임옥희	12,000원
128	中國書藝美學	宋民 / 郭魯鳳	16,000원
129	죽음의 역사	P. 아리에스 / 이종민	18,000원
130	돈속담사전	宋在璇 편	15,000원
131	동양극장과 연극인들	김영무	15,000원
132	生育神과 性巫術	宋兆麟 / 洪 熹	20,000원
133	미학의 핵심	M. M. 이턴 / 유호전	20,000원
134	전사와 농민	J. 뒤비 / 최생열	18,000원
135	여성의 상태	N. 에니크 / 서민원	22,000원
136	중세의 지식인들	J. 르 고프 / 최애리	18,000원
137	구조주의의 역사(전4권)	F. 도스 / 김웅권 外　Ⅰ · Ⅱ · Ⅳ 15,000원 / Ⅲ	18,000원
138	글쓰기의 문제해결전략	L. 플라워 / 원진숙 · 황정현	20,000원
139	음식속담사전	宋在璇 편	16,000원
140	고전수필개론	權 瑚	16,000원
141	예술의 규칙	P. 부르디외 / 하태환	23,000원
142	"사회를 보호해야 한다"	M. 푸코 / 박정자	20,000원
143	페미니즘사전	L. 터틀 / 호승희 · 유혜련	26,000원
144	여성심벌사전	B. G. 워커 / 정소영	근간
145	모데르니테 모데르니테	H. 메쇼닉 / 김다은	20,000원
146	눈물의 역사	A. 뱅상뷔포 / 이자경	18,000원
147	모더니티입문	H. 르페브르 / 이종민	24,000원
148	재생산	P. 부르디외 / 이상호	23,000원
149	종교철학의 핵심	W. J. 웨인라이트 / 김희수	18,000원
150	기호와 몽상	A. 시몽 / 박형섭	22,000원
151	융분석비평사전	A. 새뮤얼 外 / 민혜숙	16,000원
152	운보 김기창 예술론연구	최병식	14,000원

153	시적 언어의 혁명	J. 크리스테바 / 김인환	20,000원
154	예술의 위기	Y. 미쇼 / 하태환	15,000원
155	프랑스사회사	G. 뒤프 / 박 단	16,000원
156	중국문예심리학사	劉偉林 / 沈揆昊	30,000원
157	무지카 프라티카	M. 캐넌 / 김혜중	25,000원
158	불교산책	鄭泰爀	20,000원
159	인간과 죽음	E. 모랭 / 김명숙	23,000원
160	地中海(전5권)	F. 브로델 / 李宗昈	근간
161	漢語文字學史	黃德實·陳秉新 / 河永三	24,000원
162	글쓰기와 차이	J. 데리다 / 남수인	28,000원
163	朝鮮神事誌	李能和 / 李在崑	근간
164	영국제국주의	S. C. 스미스 / 이태숙·김종원	16,000원
165	영화서술학	A. 고드로·F. 조스트 / 송지연	17,000원
166	美學辭典	사사키 겡이치 / 민주식	22,000원
167	하나이지 않은 성	L. 이리가라이 / 이은민	18,000원
168	中國歷代書論	郭魯鳳 譯註	25,000원
169	요가수트라	鄭泰爀	15,000원
170	비정상인들	M. 푸코 / 박정자	25,000원
171	미친 진실	J. 크리스테바 外 / 서민원	25,000원
172	디스탱숑(상·하)	P. 부르디외 / 이종민	근간
173	세계의 비참(전3권)	P. 부르디외 外 / 김주경	각권 26,000원
174	수묵의 사상과 역사	崔炳植	근간
175	파스칼적 명상	P. 부르디외 / 김웅권	22,000원
176	지방의 계몽주의	D. 로슈 / 주명철	30,000원
177	이혼의 역사	R. 필립스 / 박범수	25,000원
178	사랑의 단상	R. 바르트 / 김희영	20,000원
179	中國書藝理論體系	熊秉明 / 郭魯鳳	23,000원
180	미술시장과 경영	崔炳植	16,000원
181	카프카 — 소수적인 문학을 위하여	G. 들뢰즈·F. 가타리 / 이진경	18,000원
182	이미지의 힘 — 영상과 섹슈얼리티	A. 쿤 / 이형식	13,000원
183	공간의 시학	G. 바슐라르 / 곽광수	23,000원
184	랑데부 — 이미지와의 만남	J. 버거 / 임옥희·이은경	18,000원
185	푸코와 문학 — 글쓰기의 계보학을 향하여	S. 듀링 / 오경심·홍유미	26,000원
186	각색, 연극에서 영화로	A. 엘보 / 이선형	16,000원
187	폭력과 여성들	C. 도펭 外 / 이은민	18,000원
188	하드 바디 — 할리우드 영화에 나타난 남성성	S. 제퍼드 / 이형식	18,000원
189	영화의 환상성	J. -L. 뢰트라 / 김경온·오일환	18,000원
190	번역과 제국	D. 로빈슨 / 정혜욱	16,000원
191	그라마톨로지에 대하여	J. 데리다 / 김웅권	35,000원
192	보건 유토피아	R. 브로만 外 / 서민원	20,000원
193	현대의 신화	R. 바르트 / 이화여대기호학연구소	20,000원
194	중국회화백문백답	郭魯鳳	근간

195	고서화감정개론	徐邦達 / 郭魯鳳	30,000원
196	상상의 박물관	A. 말로 / 김웅권	26,000원
197	부빈의 일요일	J. 뒤비 / 최생열	22,000원
198	아인슈타인의 최대 실수	D. 골드스미스 / 박범수	16,000원
199	유인원, 사이보그, 그리고 여자	D. 해러웨이 / 민경숙	25,000원
200	공동생활 속의 개인주의	F. 드 생글리 / 최은영	20,000원
201	기식자	M. 세르 / 김웅권	24,000원
202	연극미학 — 플라톤에서 브레히트까지의 텍스트들	J. 셰레 外 / 홍지화	24,000원
203	철학자들의 신	W. 바이셰델 / 최상욱	34,000원
204	고대 세계의 정치	모제스 I 핀레이 / 최생열	16,000원
205	프란츠 카프카의 고독	M. 로베르 / 이창실	18,000원
206	문화 학습 — 실천적 입문서	J. 자일스·T. 미들턴 / 장성희	24,000원
207	호모 아카데미쿠스	P. 부르디외 / 임기대	근간
208	朝鮮槍棒敎程	金光錫	40,000원
209	자유의 순간	P. M. 코헨 / 최하영	16,000원
210	밀교의 세계	鄭泰爀	16,000원
211	토탈 스크린	J. 보드리야르 / 배영달	19,000원
212	영화와 문학의 서술학	F. 바누아 / 송지연	22,000원
213	텍스트의 즐거움	R. 바르트 / 김희영	15,000원
214	영화의 직업들	B. 라트롱슈 / 김경온·오일환	16,000원
215	소설과 신화	이용주	15,000원
216	문화와 계급 — 부르디외와 한국 사회	홍성민 外	18,000원
217	작은 사건들	R. 바르트 / 김주경	14,000원
218	연극분석입문	J. -P. 링가르 / 박형섭	18,000원
219	푸코	G. 들뢰즈 / 허 경	17,000원
220	우리나라 도자기와 가마터	宋在璇	30,000원
221	보이는 것과 보이지 않는 것	M. 퐁티 / 남수인·최의영	30,000원
222	메두사의 웃음/출구	H. 식수 / 박혜영	19,000원
223	담화 속의 논증	R. 아모시 / 장인봉	20,000원
224	포켓의 형태	J. 버거 / 이영주	근간
225	이미지심벌사전	A. 드 브리스 / 이원두	근간
226	이데올로기	D. 호크스 / 고길환	16,000원
227	영화의 이론	B. 발라즈 / 이형식	20,000원
228	건축과 철학	J. 보드리야르·J. 누벨 / 배영달	16,000원
229	폴 리쾨르 — 삶의 의미들	F. 도스 / 이봉지 外	근간
230	서양철학사	A. 케니 / 이영주	29,000원
231	근대성과 육체의 정치학	D. 르 브르통 / 홍성민	20,000원
232	허난설헌	金成南	16,000원
233	인터넷 철학	G. 그레이엄 / 이영주	15,000원
234	사회학의 문제들	P. 부르디외 / 신미경	23,000원
235	의학적 추론	A. 시쿠렐 / 서민원	20,000원
236	튜링 — 인공지능 창시자	J. 라세구 / 임기대	16,000원

237 이성의 역사	F. 샤틀레 / 심세광	근간
238 朝鮮演劇史	金在喆	22,000원
239 미학이란 무엇인가	M. 지므네즈 / 김웅권	23,000원
240 古文字類編	高 明	40,000원
241 부르디외 사회학 이론	L. 팽토 / 김용숙 · 김은희	20,000원
242 문학은 무슨 생각을 하는가?	P. 마슈레 / 서민원	23,000원
243 행복해지기 위해 무엇을 배워야 하는가? A. 우지오 外 / 김교신		18,000원
244 영화와 회화: 탈배치	P. 보니체 / 홍지화	18,000원
245 영화 학습 ― 실천적 지표들	F. 바누아 外 / 문신원	16,000원
246 회화 학습 ― 실천적 지표들	F. 기블레 / 고수현	근간
247 영화미학	J. 오몽 外 / 이용주	24,000원
248 시 ― 형식과 기능	J. L. 주베르 / 김경온	근간
249 우리나라 옹기	宋在璇	40,000원
250 검은 태양	J. 크리스테바 / 김인환	27,000원
251 어떻게 더불어 살 것인가	R. 바르트 / 김웅권	28,000원
252 일반 교양 강좌	E. 코바 / 송대영	23,000원
253 나무의 철학	R. 뒤마 / 송형석	29,000원
254 영화에 대하여 ― 에이리언과 영화철학 S. 멀할 / 이영주		18,000원
255 문학에 대하여 ― 문학철학	H. 밀러 / 최은주	근간
256 미학 연습 ― 플라톤에서 에코까지 임우영 外 편역		18,000원
257 조희룡 평전	김영회 外	18,000원
258 역사철학	F. 도스 / 최생열	23,000원
259 철학자들의 동물원	A. L. 브라 쇼파르 / 문신원	22,000원
260 시각의 의미	J. 버거 / 이용은	24,000원
261 들뢰즈	A. 괄란디 / 임기대	13,000원
262 문학과 문화 읽기	김종갑	16,000원
263 과학에 대하여 ― 과학철학	B. 리들리 / 이영주	근간
264 장 지오노와 서술 이론	송지연	18,000원
265 영화의 목소리	M. 시옹 / 박선주	근간
266 사회보장의 발견	J. 당즐로 / 주형일	근간
267 이미지와 기호	M. 졸리 / 이선형	22,000원
268 위기의 식물	J. M. 펠트 / 이충건	근간
269 중국 소수민족의 원시종교	洪 熹	18,000원
270 영화감독들의 영화 이론	J. 오몽 / 곽동준	근간
271 중첩	J. 들뢰즈 · C. 베네 / 허희정	근간
272 대담 ― 디디에 에리봉과의 자전적 인터뷰 J. 뒤메질 / 송대영		근간
273 중립	R. 바르트 / 김웅권	30,000원
274 알퐁스 도데의 문학과 프로방스 문화 이종민		16,000원
275 우리말 釋迦如來行蹟頌	高麗 無寄 / 金月雲	18,000원
276 金剛經講話	金月雲 講述	18,000원
277 자유와 결정론	O. 브르니피에 外 / 최은영	16,000원
278 도리스 레싱: 20세기 여성의 초상 민경숙		24,000원

279 기독교윤리학의 이론과 방법론	김희수	24,000원
280 과학에서 생각하는 주제 100가지	I. 스탕저 外 / 김웅권	21,000원
281 말로와 소설의 상징시학	김웅권	22,000원
282 키에르케고르	C. 르 블랑 / 이창실	14,000원
283 시나리오 쓰기의 이론과 실제	A. 로슈 外 / 이용주	25,000원
1001 베토벤: 전원교향곡	D. W. 존스 / 김지순	15,000원
1002 모차르트: 하이든 현악 4중주곡	J. 어빙 / 김지순	14,000원
1003 베토벤: 에로이카 교향곡	T. 시프 / 김지순	18,000원
1004 모차르트: 주피터 교향곡	E. 시스먼 / 김지순	18,000원
1005 바흐: 브란덴부르크 협주곡	M. 보이드 / 김지순	18,000원
1006 바흐: B단조 미사	J. 버트 / 김지순	근간
2001 우리 아이들에게 어떤 지표를 주어야 할까?	J. L. 오베르 / 이창실	16,000원
2002 상처받은 아이들	N. 파브르 / 김주경	16,000원
2003 엄마 아빠, 꿈꿀 시간을 주세요!	E. 부젱 / 박주원	16,000원
2004 부모가 알아야 할 유치원의 모든 것들	N. 뒤 소수아 / 전재민	18,000원
2005 부모들이여, '안 돼'라고 말하라!	P. 들라로슈 / 김주경	19,000원
2006 엄마 아빠, 전 못하겠어요!	E. 리공 / 이창실	18,000원
3001 《새》	C. 파글리아 / 이형식	13,000원
3002 《시민 케인》	L. 멀비 / 이형식	13,000원
3101 《제7의 봉인》 비평연구	E. 그랑조르주 / 이은민	근간
3102 《쥘과 짐》 비평 연구	C. 르 베르 / 이은민	근간
3103 《시민 케인》 비평 연구	J. 루아 / 이용주	15,000원

【기 타】

모드의 체계	R. 바르트 / 이화여대기호학연구소	18,000원
라신에 관하여	R. 바르트 / 남수인	10,000원
說 苑 (上・下)	林東錫 譯註	각권 30,000원
晏子春秋	林東錫 譯註	30,000원
西京雜記	林東錫 譯註	20,000원
搜神記 (上・下)	林東錫 譯註	각권 30,000원
경제적 공포[메디치賞 수상작]	V. 포레스테 / 김주경	7,000원
古陶文字徵	高 明・葛英會	20,000원
그리하여 어느날 사랑이여	이외수 편	4,000원
딸에게 들려 주는 작은 지혜	N. 레흐레이트너 / 양영란	6,500원
노력을 대신하는 것은 없다	R. 쉬이 / 유혜련	5,000원
노블레스 오블리주	현택수 사회비평집	7,500원
미래를 원한다	J. D. 로스네 / 문 선・김덕희	8,500원
사랑의 존재	한용운	3,000원
산이 높으면 마땅히 우러러볼 일이다	유 향 / 임동석	5,000원
서기 1000년과 서기 2000년 그 두려움의 흔적들	J. 뒤비 / 양영란	8,000원
서비스는 유행을 타지 않는다	B. 바게트 / 정소영	5,000원
선종이야기	홍 희 편저	8,000원

■ 섬으로 흐르는 역사	김영회	10,000원
■ 세계사상	창간호~3호: 각권 10,000원 / 4호: 14,000원	
■ 십이속상도안집	편집부	8,000원
■ 얀 이야기 ① 얀과 카와카마스	마치다 준 / 김은진·한인숙	8,000원
■ 어린이 수묵화의 첫걸음(전6권)	趙 陽 / 편집부	각권 5,000원
■ 오늘 다 못다한 말은	이외수 편	7,000원
■ 오블라디 오블라다, 인생은 브래지어 위를 흐른다	무라카미 하루키 / 김난주	7,000원
■ 이젠 다시 유혹하지 않으련다	P. 쌍소 / 서민원	9,000원
■ 인생은 앞유리를 통해서 보라	B. 바게트 / 박해순	5,000원
■ 자기를 다스리는 지혜	한인숙 편저	10,000원
■ 천연기념물이 된 바보	최병식	7,800원
■ 原本 武藝圖譜通志	正祖 命撰	60,000원
■ 테오의 여행 (전5권)	C. 클레망 / 양영란	각권 6,000원
■ 한글 설원 (상·중·하)	임동석 옮김	각권 7,000원
■ 한글 안자춘추	임동석 옮김	8,000원
■ 한글 수신기 (상·하)	임동석 옮김	각권 8,000원

【이외수 작품집】

■ 겨울나기	창작소설	7,000원
■ 그대에게 던지는 사랑의 그물	에세이	8,000원
■ 그리움도 화석이 된다	시화집	6,000원
■ 꿈꾸는 식물	장편소설	7,000원
■ 내 잠 속에 비 내리는데	에세이	7,000원
■ 들 개	장편소설	7,000원
■ 말더듬이의 겨울수첩	에스프리모음집	7,000원
■ 벽오금학도	장편소설	7,000원
■ 장수하늘소	창작소설	7,000원
■ 칼	장편소설	7,000원
■ 풀꽃 술잔 나비	서정시집	6,000원
■ 황금비늘 (1·2)	장편소설	각권 7,000원

【조병화 작품집】

■ 공존의 이유	제11시점	5,000원
■ 그리운 사람이 있다는 것은	제45시집	5,000원
■ 길	애송시모음집	10,000원
■ 개구리의 명상	제40시집	3,000원
■ 그리움	애송시화집	7,000원
■ 꿈	고희기념자선시집	10,000원
■ 따뜻한 슬픔	제49시집	5,000원
■ 버리고 싶은 유산	제 1시집	3,000원
■ 사랑의 노숙	애송시집	4,000원
■ 사랑의 여백	애송시화집	5,000원

東文選 文藝新書 175

파스칼적 명상

피에르 부르디외

김웅권 옮김

　어느 정도 성취를 이룬 인간은 인간에 대한 관념을 내놓아야 한다. 《파스칼적 명상》이라는 제목이 암시해 주듯이, 본서는 기독교 옹호론자가 아닌 실존철학자로서의 파스칼의 심원한 사유 영역으로부터 출발해 인간과 세계에 대한 새로운 통찰을 제시하고 있다. 본서의 입장에서 볼 때 파스칼의 사상에서 중요한 것은, 인간 사유의 선험적 토대를 전제하지 않고 인간 정신의 모든 결정물들을 이것들을 낳은 실존적 조건들로 되돌려 놓고 있다는 것이다.

　사실 사유에 대한 가장 근원적인 문제 제기들은 세계와 실제에 대해 거리를 두고 있는 상태에 대한 문제 제기에서 출발한다. 우리는 이러한 방법적 비판을 파스칼 속에서 이루어 낼 수 있다. 왜냐하면 그의 인류학적 고찰은 학구적 시선이 무시할 수밖에 없는 인간 존재의 특징들로 향하고 있기 때문이다. 그리고 또 하나의 이유는 그가 인간학이 스스로의 해방을 이룩하기 위해 수행해야 하는 상징적 슬로건을 제공하기 때문이다. 이 슬로건은 "진정한 철학은 철학을 조롱한다"이다.

　이 책은 실제의 세계와 단절된 고독한 상아탑 속에 갇힌 철학자들이 추상적인 사유를 통해 주조해 낸 전통적 인간상을 송두리째 뒤흔들고 있다. 부르디외는 사회학자로서 기존 철학에 정면으로 도전하면서, 인간 존재의 실존적 접근을 새로운 각도에서 모색함으로써 전혀 다른 존재의 모습을 제시하고 있다. 그것은 사르트르류의 실존적 인간과는 또 다른 인간의 이미지이다. 그것은 관념적 유희로부터 비롯된 당위적이거나 이상적 이미지, 즉 허구가 아니라 삶의 현장 속에 살아 움직이는 실천적 이미지인 것이다.

東文選 現代新書 26

부르디외 사회학 입문

파트리스 보네위츠

문경자 옮김

 사회학이란 무엇인가? 사회는 무엇이며, 그것은 어떻게 재생산되는가? 혹은 반대로 사회는 어떻게 변화하는가? 개인이 차지하는 위치는 무엇인가?

 분열된 학문인 사회학에서 부르디외의 접근방식은 흥미를 끌지 않을 수 없다. 만약 그가 주장하듯이 과학적 분석이 장의 개념에서 출발하여 이루어질 수 있다면, 그 속에 속해 있는 행위자들 사이의 투쟁은 필연적일 것이다. 그렇기 때문에 그들 중의 일부는 보존 혹은 확장의 전략들을 이용하고, 또 다른 일부는 전복의 전략들을 이용하기도 한다.

 본서는 고등학교 졸업반 및 대학 초년생들의 사회경제학 프로그램에 포함된 여러 주제들을 검토하는 데에 활용될 수 있다.

- 첫째, 부르디외를 그 자신의 역사적 · 이론적 추론의 틀 속에 위치시키면서 그를 소개한다.
- 사회화 과정, 사회의 계층화, 문화적 실천 혹은 불평등의 재생산과 같은 다양한 사회적 사실들을 해명할 수 있게 해주는 개념들과 방법론의 특수성을 설명한다.
- 마지막으로 이 이론의 주요한 한계들을 제시한다.

 따라서 대개 산만하게 소개된 부르디외의 이론에 대해 일관된 관점을 가지고 싶어하는 학생들은 이 책을 읽음으로써 흥미를 느낄 수 있을 것이다. 또한 중요한 발췌문을 통해 부르디외의 텍스트들과 친숙해지고, 그의 연구를 더욱 심화, 확대시켜 나갈 수 있을 것이다.

東文選 文藝新書 241

부르디외 사회학 이론

루이 핀토

김용숙 · 김은희 옮김

부르디외가 추천한 부르디외 사회학 해설서

본서는 수년전 부르디외가 한국을 방문하였을 적에 그에게 자신의 이론을 가장 잘 해설한 책을 한권 추천해달라고 부탁해서 한국 독자들에게 소개하게 된 책이다.

저술의 원칙이 되는 본질적인 행위들을 제시하고, 지성적 맥락을 재구성하며, 인류학이자 철학적인 영역을 명시하는 것이 루이 핀토의 글이 갖는 목적으로, 그의 연구는 단순한 주해서를 넘어서서 이러한 저술이 제안하는 교훈을 총망라한다.

피에르 부르디외의 이론은 결코 객관주의나 과학만능주의가 아니며, 관찰자의 특권을 중시하는 과학적 실천의 중심부의 성찰을 함축한다. 그의 이론은 사회 세계나 우리 스스로에게 향한 우리의 시각을 변화시키는 지적 수단을 제공하고 있다. 이런 의미에서 그의 이론은 개인적이자 보편적인 사물들을 파악하게 하고, 우리가 하는 유희와 그 이해 관계, 그리고 모르던 것을 인정하는 데 필요한 저항들을 이해하는 데에 도움을 주는 사회 분석의 작업이다.

사회 질서는 심층에 묻힌 신념들과 객관적 구조를 따르므로, 사회학은 사회 세계의 정치적 비전을 반드시 갖고 있다. 사회학은 우리에게 유토피아 정신과 질서의 사실적 인식을 연결하는 것을 가르쳐 준다.

사회학자이자 철학자인 루이 핀토는 국립과학연구소(CNRS)의 소장직을 맡고 있다. 그의 연구는 언론, 문화, 지성인과 철학 등을 다루고 있다.

東文選 文藝新書 173

세계의 비참 (전3권)

피에르 부르디외 外

김주경 옮김

사회적 불행의 형태에 대한 사회학적 투시——피에르 부르디외와 22명의 사회학자들의 3년 작업. 사회적 조건의 불행, 사회적 위치의 불행, 그리고 개인적 고통에 대한 그들의 성찰적 지식 공개.

우리의 삶 한편에는 국민들의 일상적인 삶에 대해 무지한 정치 책임자들이 있고, 그 다른 한편에는 힘겹고 버거운 삶에 지쳐서 하고 싶은 말조차 할 수 없는 사람들이 있다. 이들을 바라보면서 어떤 사람들은 여론에 눈을 고정시키기도 하고, 또 어떤 사람들은 그들의 불행에 대해 항의를 표하기도 한다. 물론 이들이 항의를 할 수 있는 것은 자신들이 그 불행에서 벗어나 있기에 가능한 것이다.

여기 한 팀의 사회학자들이 피에르 부르디외의 지휘 아래 3년에 걸쳐서 몰두한 작업이 있다. 그들은 대규모 공영주택 단지·학교·사회복지회 직원, 노동자, 하층 무산계급, 사무직원, 농부, 그리고 가정이라는 세계 속에 비참한 사회적 산물이 어떠한 현대적인 형태를 띠고 나타나는지를 이해하고자 했다. 그들이 본 각각의 세계에는 저마다 고유한 갈등 구조들이 형성되어 있었고, 그 안에서 발생하는 고통을 직접 몸으로 체험한 자들만이 말할 수 있는 진실들이 있었다.

이 책은 버려진 채 병원에 누워 있는 전직 사회복지 가정방문원이라든가, 노동자 계층의 고아 출신인 금속기계공, 정당한 권리를 찾지 못하고 떠돌아다닐 수밖에 없는 집 없는 사람들, 도시 폭력의 희생자가 된 고등학교 교장과 교사들, 빈민 교외 지역의 하급 경찰관, 그리고 이들과 함께 살아가는 수많은 사람들의 만성적이면서도 새로운 삶의 고통을 이야기한다.

東文選 文藝新書 148

재 생 산

피에르 부르디외

이상호 옮김

이 책은 1964년에 출간된 《상속자들》에서 처음으로 선보였던 연구작업의 이론적 종합을 시도한다. 교육관계, 지식인이나 평민의 언어 사용 및 대학 문화 활용, 그리고 시험과 학위의 경제적·상징적 효과에 대한 경험 연구에서 출발하며, 상징폭력 행위와 이 폭력을 은폐하는 사회조건에 대한 일반 이론을 보여 준다. 이 이론은 상징적 주입관계의 사회조건에 대해 설명함으로써 언어학·사이버네틱 이론·정신분석 이론의 누적된 영향 아래서, 사회관계를 순수한 상징관계로 환원시키는 경향을 보이는 분석의 방법론적 한계를 규정한다.

이 책에 따르면, 학교는 환상을 생산하지만 그 효과는 환상과 거리가 멀다. 그래서 학교의 독립성과 중립성이라는 환상은, 학교가 기존 질서를 재생산한다는 가장 특별한 기여 원칙에 귀속된다. 나아가 이 책은 문화자본의 분배 구조를 재생산하는 법칙을 해명하고자 시도함으로써, 오늘날 교육 체계에서 작동되는 모순을 완벽하게 이해하는 수단을 제공할 뿐만 아니라 실천 이론에도 기여한다. 행위자를 구조의 생산물이자 구조의 재생산자로 구성함으로써 범구조주의의 객관주의만큼이나 창조적 자유의 주관주의에서도 벗어날 수 있는 실천 이론 말이다.

현대 교육사회학 분야에서 빼놓을 수 없는 역작으로 평가 받는 이 책은 단순히 교육사회학에 국한되지 않고 교육과 사회, 개인행위와 사회질서, 미시사회학과 거시사회학의 상관성을 밝히는 데 중요한 단서를 제공하고 있다.